1974

NICK RENNISON

1974

CENAS DE UM ANO DE CRISES

TRADUÇÃO
MARCIA BLASQUES

Copyright © 2023, Nick Rennison
Título original: 1974: scenes from a year of crisis
Tradução para Língua Portuguesa © 2023, Marcia Blasques
Todos os direitos reservados à Astral Cultural e protegidos pela Lei 9.610, de 19.2.1998.
É proibida a reprodução total ou parcial sem a expressa anuência da editora.
Este livro foi revisado segundo o Novo Acordo Ortográfico da Língua Portuguesa.

Editora Natália Ortega
Editora de Arte Tâmizi Ribeiro
Identidade visual e projeto gráfico Aline Santos
Produção editorial Ana Laura Padovan, Andressa Ciniciato, Brendha Rodrigues
Preparação Alexandre Magalhães
Revisão Carlos César da Silva e João Rodrigues
Criação de capa Elsa Mathern
Adaptação de capa Ana Laura Padovan
Foto do autor David Lawrence

Dados Internacionais de Catalogação na Publicação (CIP)
Angélica Ilacqua CRB-8/7057

R331c

Rennison, Nick
    1974 : cenas de um ano de Crises / Nick Rennison ; tradução de Marcia Blasques. – Bauru, SP : Astral Cultural, 2023.
    256 p.

ISBN 978-65-5566-429-4

1. História - 1974 2. História universal - 1974 I. Título II. Blasques, Márcia

23-5708   CDD 909.82

Índice para catálogo sistemático:
1. História - 1974

 ASTRAL CULTURAL EDITORA LTDA.

BAURU
Rua Joaquim Anacleto Bueno, 1-20
Jardim Contorno
CEP: 17047-281
Telefone: (14) 3879-3877

SÃO PAULO
Rua Major Quedinho, 111 - Cj. 1910, 19º andar
Centro Histórico
CEP: 01050-904
Telefone: (11) 3048-2900

E-mail: contato@astralcultural.com.br

Para David Jones, um grande amigo há quase cinquenta anos, a quem conheci em… 1974.

"Para aqueles de nós que passaram por aquela era do poliéster, dos sapatos plataforma e dos cortes de energia, uma coisa parecia certa: ninguém jamais desejaria revisitá-la."

Francis Wheen

"A retrospectiva é uma grande simplificadora, e os anos 1970, como eram, foram mais simplificados do que a maioria."

Andy Beckett

Prefácio

Em 1974, o mundo estava imerso em uma época de mudanças profundas e eventos históricos que moldariam o curso da história global. Enquanto o Brasil enfrentava desafios políticos e sociais internos, o panorama internacional estava repleto de acontecimentos significativos que afetariam o futuro de nações e culturas em todo o planeta.

No Brasil, esse foi um ano marcado pela turbulência política e social, com a nação vivenciando uma crise profunda. Os eventos que ocorreram nas ruas e nos corações dos brasileiros desempenharam um papel vital na construção do país que conhecemos hoje. Em meio a essa agitação, o incêndio devastador no Edifício Joelma, em São Paulo, chocou o país e o mundo, destacando a importância da segurança predial.

Além disso, o ano também marcou o fim do chamado "milagre econômico" no Brasil, trazendo desafios econômicos que afetaram profundamente a sociedade brasileira e o cenário político.

Nos países da América Central e América do Sul, o ano de 1974 testemunhou uma sequência de acontecimentos políticos e sociais que tiveram um impacto duradouro para o reestabelecimento da democracia na região sul do nosso continente. Países como Chile, Argentina e Nicarágua estavam passando por mudanças políticas significativas e enfrentavam desafios complexos relacionados à ditadura versus democracia e aos direitos humanos.

Na África, um continente que estava no centro de mudanças sísmicas, eventos igualmente significativos estavam ocorrendo, no processo de luta em busca de independência de suas nações. Em 1974, Portugal experimentou a Revolução dos Cravos, que teve um impacto profundo nas colônias africanas. Esta revolução abriu caminho para a independência de países como Moçambique e Angola, marcando um momento crucial na descolonização africana.

Nas páginas que se seguem, você irá viajar no tempo e explorar os fatos marcantes de 1974. Preparando-se para uma jornada de descoberta histórica, convidamos você a mergulhar neste livro e reviver um ano que deixou uma marca indelével na história do Brasil, da América Latina, da África e do mundo.

Carlito Neto, historiador e cientista político.

Sumário

Introdução 19

Janeiro 22
Fevereiro 38
Março 58
Abril 74
Maio 96
Junho 114
Julho 132
Agosto 150
Setembro 168
Outubro 188
Novembro 202
Dezembro 222

Bibliografia 239

Agradecimentos 243

Índice remissivo 245

1974
Mês a mês

25 O dia de Ano-Novo
26 ALi versus Frazier
28 Semana de três dias
32 Declaração de Djerba
33 Jogos da Commonwealth começam em Christchurch
36 A morte de Sam Goldwyn

Janeiro

41 O incêndio no edifício Joelma
42 Eleições na Grã-Bretanha
46 A bomba no ônibus na M62
48 Granada conquista sua independência
50 O retorno da Skylab 4
52 O roubo do Vermeer
54 Soljenítsyn expulso da União Soviética
56 O primeiro beijo lésbico na TV britânica

Fevereiro

61 O Volkswagen Golf
62 A peça A Ratoeira é transferida para o St. Martin's Theatre
64 Hiroo Onoda se rende
67 A tentativa de sequestro da princesa Anne
70 O exército de Terracota

Março

99 A demissão de Alf Ramsey
101 O referendo sobre o divórcio na Itália
103 Morre Duke Ellington
105 David Bowie lança Diamond Dogs
106 A Índia testa uma arma nuclear
108 O massacre em Ma'alot
110 O British Lions começa sua turnê pela África do Sul

Maio

Abril

77 A morte no cargo de Georges Pompidou
79 Abba vence o Festival Eurovisão da Canção
81 Um espião na Alemanha Ocidental
84 Patty Hearst no Assalto ao San Francisco Bank
89 A Revolução dos Cravos
92 O primeiro romance de Stephen King
94 Manchester United é rebaixado

Junho

117 O desastre de Flixborough
119 Explosão nas Casas do Parlamento
120 A manobra de Heimlich é descrita pela primeira vez
122 O código de barras nas compras
123 "The Streak", de Ray Stevens, alcança o 1º lugar das paradas de sucesso no Reino Unido
126 Desordens em Red Lion Square
128 Mikhail Baryshnikov deserta
129 O assassinato da mãe de Martin Luther King

135 A morte de Juan Perón
137 A final da Copa do Mundo
140 Golpe e invasão em Chipre
142 Vitórias estadunidenses em Wimbledon
144 A torre da rádio de Varsóvia inicia suas transmissões
145 Um evento chocante ao vivo na TV
147 Cerco à prisão de Huntsville

Julho

171 Haile Selassie é deposto
174 Ford perdoa Nixon
176 O voo 841 da TWA
178 Pandas no zoológico de Londres
179 Uma bomba explode na Cafeteria Rolando na Espanha
181 A Guerra de Kootenai
183 Evel Knievel salta o cânion do rio Snake

SetemBro

Agosto

153 Nixon renuncia
157 Apresentação na corda bamba
160 Os Ramones fazem seu primeiro show no CBGB
161 Turistas encalhados
164 O Windsor Free Festival
166 O desastre de trem em Zagreb

205 A descoberta de "Lucy"
206 O desaparecimento de Lord Lucan
209 O mercado de Covent Garden fecha
211 Atentado a bomba nos pubs de Birmingham
213 Um parlamentar finge a própria morte
217 A mensagem de Arecibo
219 Primeiro teste da Ashes

Novembro

Outubro

191 A morte de Oskar Schindler
193 Segunda eleição no Reino Unido
195 Bombas em Guildford
197 A luta na floresta
200 O primeiro McDonald's no Reino Unido

Dezembro

225 Jean-Paul Sartre visita Andreas Baarder
226 O episódio final de Monty Python's Flying Circus
229 A crise no funeral de U Thant
230 O lançamento de O poderoso chefão 2
233 Homem é liberto da prisão depois de 66 anos
235 O ciclone Tracy atinge Darwin, na Austrália

Introdução

A década de 1970 não teve uma imprensa muito boa, em especial na Grã-Bretanha. Ela é chamada de "a década que o bom gosto esqueceu" com tanta frequência que a frase já se tornou um clichê. "Se os anos 1960 foram um final de semana selvagem, e os anos 1980, um dia agitado no escritório", escreveu Francis Wheen em seu livro extremamente divertido, *Strange Days Indeed* [Dias muito estranhos, realmente], "a década de 1970 foi uma longa noite de domingo no inverno, com sobras frias para o jantar e um grande corte de energia esperado a qualquer momento". Mesmo assim, vista no retrospecto, essa década ainda desperta muito interesse, como espero que este livro demonstre.

Pode-se argumentar que 1976 foi o ano crucial desse período. Alguns podem afirmar que o verdadeiro ponto de virada, em especial na Grã-Bretanha, veio bem no final, em 1979. No entanto, 1974 me parece ser o ano que melhor exemplifica a década de 1970. Segundo o jornalista e historiador Andy Beckett, esse foi "o ano apocalíptico da década de 1970 na Grã-Bretanha".

Também foi o ano em que imensas mudanças ocorreram ao redor do mundo. Nos dois lados do Atlântico, grandes figuras políticas saíram de cena, seja por aposentadoria ou derrota eleitoral. Líderes de nações morreram. Regimes que duravam décadas desmoronaram. A Revolução dos Cravos em Portugal viu o fim de uma ditadura que assumira o poder ainda na década de 1930; na Etiópia, um imperador que ascendera ao trono na mesma década foi derrubado. O terrorismo e a busca de objetivos políticos por meio da violência se tornaram ainda mais comuns. O ano viu uma campanha de bombardeios realizada pelo IRA Provisório tanto na Irlanda do Norte quanto na ilha da Grã-Bretanha; terroristas palestinos mataram mais de trinta pessoas, incluindo muitas crianças, na cidade de Ma'alot; separatistas bascos explodiram um café no centro de Madri.

A crescente importância cultural dos esportes se reflete no número de verbetes dedicados ao assunto neste livro. O futebol ainda não tinha alcançado o tipo de onipresença mundial (e enorme influência financeira) que tem hoje em dia, mas estava bem no caminho. A Copa do Mundo de 1974 atraiu imensas audiências de TV. Na Grã-Bretanha, o rúgbi e o críquete provavelmente tiveram mais destaque do que agora, e grandes turnês de times britânicos, bem lembradas cinquenta anos mais tarde, ocorreram em ambos os esportes. O tênis viu a chegada de novos e jovens talentos.

Nos Estados Unidos, o cinema passava pelo renascimento conhecido como "Nova Hollywood", na qual grandes diretores como Scorsese, Spielberg e Coppola estavam deixando sua marca. A música popular estava indiscutivelmente em um ponto baixo, mas os primeiros movimentos da revolução punk que logo viria já podiam ser ouvidos nas boates em Nova York. E uma banda sueca que se tornaria um fenômeno ganhou o Festival Eurovisão da Canção.

O ano de 1922, assunto do meu último livro, não fazia parte da lembrança das pessoas, exceto talvez por um punhado de supercentenários ao redor do mundo. Já 1974 definitivamente faz. Na verdade, faz parte da MINHA lembrança. Neste ano, eu comemorei meu 19º aniversário e deixei a casa dos meus pais para desfrutar do primeiro ano na faculdade. Tem sido uma experiência interessante revisitar os acontecimentos de 1974, alguns dos quais continuam vívidos na minha mente. Me lembro de trabalhar em uma livraria na época da semana de três dias, quando as luzes eram apagadas e

1974 | Introdução

substituídas por lamparinas a óleo, e os funcionários mais antigos do local se lembravam dos apagões e da escassez de energia na época da guerra. Me lembro de assistir à Copa do Mundo na TV, e de me maravilhar com o "Carrossel holandês" jogado pelo time da Holanda. Me lembro de ouvir *Diamond Dogs*, de Bowie, em um velho toca-discos barulhento no quarto do meu primo. Me recordo do furor da mídia que cercou os desaparecimentos de Lord Lucan e John Stonehouse. Outros acontecimentos não parecem ter deixado marca alguma. Será que eu sabia na época sobre a caminhada de Philippe Petit na corda bamba, em Nova York? Ou do motim na prisão de Huntsville, no Texas? Ou do desastre de trem que matou dezenas e dezenas de pessoas em Zagreb? Se eu sabia, há muito expurguei da memória antes de começar a pesquisar para este livro.

Quando lemos e nos recordamos dos acontecimentos de 1974, às vezes parece que o ano está muito mais distante na história do que meros cinquenta anos. A famosa citação de L.P. Hartley sobre o passado ser um país estrangeiro onde as coisas são feitas de maneira diferente vem imediatamente à mente. Mas, em outros momentos, meu maior sentimento foi o de familiaridade. Muito do que aconteceu naquele ano ecoa agora. Como 1922, este livro é uma compilação de instantâneos do passado que, espero, os leitores acharão ao mesmo tempo esclarecedores e divertidos.

JANEIRO

JOE FRAZIER
CAMPEÃO
FERIADO ÁFRICA
ESTADO DE
EMERGÊNCIA
Nova Zelândia MINERADORES
HOLLYWOOD
ACORDO RACIONAMENTO
LUTA DO ANO-
SÉCULO-NOVO
ENERGIA
PETRÓLEO BOXE
ESTADOS UNIDOS

O dia de Ano-Novo se torna feriado bancário. A semana de três dias começa na Grã-Bretanha. Muhammad Ali e Joe Frazier se enfrentam na segunda de suas três lutas de pesos-pesados. Os Jogos da Commonwealth começam em Christchurch, na Nova Zelândia. No norte da África, a Declaração de Djerba sugere que Tunísia e Líbia podem se tornar um estado — a República Árabe Islâmica. Nos Estados Unidos, morre Sam Goldwyn, um dos mais excêntricos e bem-sucedidos produtores de Hollywood.

O dia de Ano-Novo

Em 1974, o Ano-Novo no Reino Unido começou com um feriado a mais. A maioria das pessoas provavelmente presume que o dia de Ano-Novo é um feriado nacional britânico desde que os feriados bancários foram criados, no século XIX. Na verdade, foi apenas na Escócia que o 1º de janeiro se tornou oficialmente feriado em 1871. O resto do país teve que esperar mais de um século. Muita gente, se recuperando das comemorações na noite anterior, decidiu durante muitos anos que aquele era um dia de descanso. O primeiro-ministro, Ted Heath, incluiu os planos para o feriado em meio a várias outras medidas, em uma coletiva de imprensa para anunciar a terceira fase da política de preços e rendas do governo, em 8 de outubro de 1973. Em meio a todas as notícias duras sobre o estado da economia, ele pode ter sentido a necessidade de proporcionar algo que agradasse aos seus ouvintes. O anúncio de um feriado bancário no dia de Ano-Novo, proposto por um membro do Parlamento dois anos antes e rejeitado, deve ter parecido o ideal. Mais tarde, naquele mesmo mês, uma Proclamação Real ("Nós... de agora em diante declaramos o dia de Ano-Novo do ano de 1974, na Inglaterra, Gales e Irlanda do Norte, um feriado bancário...") confirmou sua declaração. A Escócia, onde o dia depois do Hogmanay[1] já era

---

1   O Hogmanay é uma celebração tradicional escocesa que ocorre na véspera do Ano-Novo. Dura três dias e é mais importante do que o Natal, já que a comemoração natalina foi proibida no país por mais de 300 anos. (N. T.)

feriado havia muito tempo, recebeu mais um dia de descanso e recuperação.

Como se para provar que é impossível agradar a todas as pessoas o tempo todo, mesmo garantindo a elas um feriado a mais, o parlamentar do Partido Conservador, Richard Hornby, escreveu uma carta para o *Times*, publicada na semana do Ano-Novo, lamentando o fato de todos os espaços culturais terem optado por fechar em 1º de janeiro. É seguro presumir que ele fazia parte de uma pequena minoria que não recebeu bem o novo feriado bancário.

Ali Versus Frazier

Muhammad Ali sempre se referiu a si mesmo como "O Maior de Todos", e vários fãs de boxe concordam com ele. Para provar a afirmação de que ele era o maior de todos os campeões de peso-pesado, os fãs podem apontar para seus anos de auge, quando Ali derrotou Sonny Liston e conquistou o título mundial pela primeira vez, e depois o defendeu lutando contra uma sucessão de oponentes. Também é possível citar suas conquistas de 1974, quando Ali lutou contra os que indiscutivelmente eram os melhores boxeadores que já encarara, e derrotou os dois.

A primeira luta aconteceu no Madison Square Garden, em Nova York, no dia 28 de janeiro, e foi contra "Smokin' Joe" Frazier. Era a segunda vez que os dois boxeadores se encaravam no ringue. A luta anterior, que ocorrera no mesmo lugar quase três anos antes, fora apelidada de "A Luta do Século". Frazier ganhara com uma decisão unânime por pontos, infligindo a primeira derrota da carreira profissional de Ali e mantendo os títulos mundiais que havia conquistado mais cedo, naquele mesmo ano. Nenhum dos dois era campeão agora: Frazier tinha perdido seus títulos no ano anterior, quando George Foreman o despachou em dois rounds numa disputa

1974 | Janeiro

em Kingston, na Jamaica. De várias formas, era uma luta para acertar as contas. Ali queria revanche pela derrota; Frazier queria provar que sua vitória, em março de 1971, não fora um golpe de sorte.

A tensão entre os dois lutadores já estava elevada antes mesmo de subirem no ringue. Cinco dias antes, durante uma aparição conjunta em um estúdio de TV, Ali chamara Frazier de "ignorante". Justificadamente indignado, Frazier se levantou e se aproximou de forma ameaçadora de seu oponente, que continuou sentado, e gritou: "Por que você me chamou de ignorante? Como é que eu sou ignorante?". O confronto culminou em uma troca de socos diante das câmeras de TV. Posteriormente, os dois foram multados por "conduta deplorável degradante para o boxe".

Depois que os dois entraram no ringue, no Madison Square Garden, Ali começou a luta como se pretendesse encerrá-la o mais rapidamente possível. E quase conseguiu. No segundo round, Frazier levou um soco de direita que o deixou cambaleante e em sérios problemas. A disputa poderia ter terminado neste ponto. Frazier retrocedeu para as cordas, e Ali avançou para o golpe final, mas o árbitro Tony Perez pensou ter ouvido o sino do final do round e se colocou entre os dois lutadores. Na verdade, o sino tinha tocado no momento errado, e o round prosseguiu, mas Frazier conseguiu preciosos segundos extras para se recuperar.

Enquanto prosseguia, a luta demonstrou claramente o estilo contrastante dos dois boxeadores. Ali, alto e elegante, dava a volta no ringue, lançando combinações de socos em rápida sucessão e então se segurando em seu oponente quando se cansava. (Na verdade, Ali se segurava no adversário com tanta frequência que o treinador de Frazier, Eddie Futch, reclamou com o árbitro, dizendo "Você precisa impedir isso!". O árbitro respondeu para Futch, acertadamente, que era permitido se segurar no oponente. Era segurar e bater ao mesmo tempo que era ilegal, e Ali não estava fazendo isso.) Frazier, dez centímetros mais baixo e de peito largo, se movia de maneira implacável para a frente, lutando para passar pelo alcance longo de Ali e acertar o tipo de gancho de esquerda matador que o fizera vencer a primeira luta entre os dois. No fim dos 12 rounds, os três juízes deram a vitória para Ali, embora um deles — Tony Perez, o árbitro — tenha visto uma disputa muito acirrada, dando seis rounds para Ali, cinco para Frazier e um empate. "No fim, foi uma decisão unânime por Ali", um jornalista especializado em boxe, Mark Kram, escreveu, "um lutador comandou o ringue, enquanto o outro lutava bravamente para sobreviver". O terceiro e último encontro entre os dois boxeadores, o famoso "Thrilla in Manila", aconteceu no ano seguinte. Ali foi declarado vencedor novamente, quando a equipe de Frazier declarou nocaute técnico no 14º round.

Semana de Três diAs

A Grã-Bretanha começou o ano de 1974 com severas restrições quanto ao uso de eletricidade. Havia meses em que as preocupações do governo conservador de Ted Heath com o estado da economia do país só aumentavam. Uma das questões principais era o fornecimento de energia. A crise do petróleo no Oriente Médio e a ameaça de outra greve de mineiros, pouco tempo após a ocorrida em 1972, chamavam a atenção. Quando o Sindicato Nacional de Mineiros (NUM, na sigla em inglês para *National Union of Miners*) decidiu cancelar as horas extras em apoio às suas reivindicações salariais, e outros sindicatos deixaram bem claro seu apoio aos mineiros, o temor de que os estoques de carvão pudessem acabar começou a crescer. Na década de 1970, a maior parte da energia elétrica daquele país era fornecida por usinas termelétricas a carvão. O governo sentiu que não tinha outra opção a não ser tomar uma medida drástica. Algumas restrições tinham entrado em vigor quase dois meses antes. Um quinto estado de emergência em três anos fora anunciado pela

Câmara dos Comuns em novembro de 1973. Holofotes e painéis de publicidade tinham sido proibidos; repartições públicas deviam cortar o consumo de energia em um décimo; estações de TV eram obrigadas a interromper suas transmissões às 22h30. Anúncios do governo começaram a aparecer nos jornais, exortando as pessoas a deixarem os carros em casa nos finais de semana e, se fosse necessário dirigir, a manterem uma velocidade abaixo de 80km/h, para economizar combustível. Os responsáveis por suprir as exigências energéticas do país estavam ficando desesperados. "A escolha é difícil", disse o vice-presidente do Conselho de Eletricidade a um jornalista estadunidense. "Ou o público coopera, ou cidades inteiras podem perder seu fornecimento de eletricidade em um apagão. Pode acontecer antes mesmo do Natal."

A população cumpriu todos os pedidos por um consumo mais cauteloso, mas não foi o bastante. O governo decidiu que novas medidas precisavam ser tomadas. Em dezembro de 1973, Heath, parecendo visivelmente exausto — ele mal dormira nos últimos quatro dias —, apareceu nas telas de TV da nação para dar as más notícias. Ele começou com alguns golpes: "Teremos o Natal mais difícil desde a guerra", disse ele. "Teremos que postergar algumas esperanças e objetivos que estabelecemos para nós mesmos, em relação ao aumento do nosso padrão de vida." Ele apelou para que as pessoas deixassem as diferenças de lado. "Devemos cerrar fileiras para podermos enfrentar juntos as dificuldades que se apresentam para nós." E anunciou que, começando à meia-noite da véspera de Ano-Novo, no último dia de 1973, a eletricidade seria efetivamente racionada. O consumo empresarial ficaria restrito a três dias consecutivos na semana, e o comércio, a menos que fosse considerado essencial, teria de escolher o período da manhã ou o da tarde para acender as luzes. Segundo uma reportagem de jornal, os ministros do governo estavam secretamente preocupados com a possibilidade de que uma semana de dois dias tivesse de ser introduzida.

Enquanto as luzes se apagavam por todo o país, algumas pessoas foram solidárias aos dilemas e às escolhas difíceis do governo. Outras, definitivamente, não. "O ditador Heath e seus capangas, que ganham mais de 10 mil libras por ano, impuseram uma semana de trabalho de três dias", um leitor do *The Times* escreveu na seção de cartas. "Por quê? Porque esse proprietário de iate afirma que os mineiros/eletricistas estão causando tantos danos à nação, que isso é necessário." Ele termina sua correspondência com palavras desdenhosas: "Temos de nos unir, Heath? Eu não". Patrick Jenkin, um dos ministros do governo, resolveu se intrometer com o que pensou ser uma sugestão útil. Sua recomendação, de que as pessoas deviam "escovar os dentes no escuro", não foi aprovada. Ele foi ridicularizado na época, em especial quando foi noticiado que sua própria casa, no norte de Londres, ficava com todas as luzes acesas logo nas primeiras horas da manhã. Sua gafe foi lembrada por muito tempo, e apareceu com destaque na maioria dos obituários de jornais quando ele faleceu, em 2016.

Os efeitos da semana de três dias foram imediatos. Para alguns, as consequências pareceram quase agradáveis, quase como se fosse uma brincadeira. O espírito de resiliência da Segunda Guerra Mundial era evocado com regularidade enquanto as lamparinas a óleo substituíam as luzes elétricas, e as velas mais uma vez se tornaram itens domésticos essenciais. (Um fabricante de velas em Londres aumentou sua produção diária total para quase 1 milhão por causa da demanda crescente. Entre as linhas mais populares estava uma vela com o formato generoso de Ted Heath.) Para outros, a semana de três dias foi um desastre. Os ganhos caíram. Centenas de milhares de pessoas perderam o emprego, ainda que temporariamente. Pequenos negócios encararam problemas de fluxo de caixa e outras dificuldades. "Muitos não sobreviverão se as restrições durarem mais do que algumas semanas", o diretor do Centro de Pequenos Negócios da Universidade de Aston avisou no

1974 | Janeiro

final de janeiro. Alguns negócios mostraram criatividade ao buscar fontes de energia alternativas. Uma empresa em Sheffield reativou um moinho de água que tinha sido usado pela última vez em meados do século XVIII, mas nem todos tinham opções como essa.

Para muitos, parecia que a Grã-Bretanha estava descendo a ladeira rumo à ruína econômica. A melhor opção era dar o fora enquanto era possível. Nas duas primeiras semanas de janeiro, o Alto-Comissariado da Nova Zelândia em Londres teve que lidar com três vezes mais solicitações para emigração do que o normal. Os pedidos para se mudar definitivamente para Austrália e Canadá também aumentaram cinquenta por cento. Enquanto isso, algumas figuras no exterior mal conseguiam esconder a alegria em ver o que estava acontecendo. No ano anterior, o ditador da Uganda, Idi Amin, dera seu pitaco para ajudar a Grã-Bretanha a sair da crise econômica, sugerindo que poderia contribuir com 10 mil xelins ugandenses de suas próprias economias em uma doação de caridade para seus antigos colonizadores. Agora ele esfregava ainda mais sal na ferida ao relatar que seu "Fundo de salvação da Grã-Bretanha" já estava funcionando. Em 21 de janeiro, ele escreveu para Heath dizendo que "o povo do distrito de Kigezi doou um caminhão cheio de legumes e trigo", e que só era necessário "você mandar um avião para buscar a doação urgentemente, antes que estrague". A oferta foi educadamente recusada pelo Alto-Comissariado Britânico em Uganda, mas deve ter sido irritante para o governo ser ridicularizado por um homem que consideravam, com razão, ser um pouco mais do que um psicopata assassino.

As restrições da semana de três dias finalmente foram retiradas em 7 de março de 1974. A essa altura, a crise obrigara Ted Heath a anunciar eleições que, caso contrário, não teriam sido necessárias. Os mineiros tinham entrado em greve em 5 de fevereiro, e Heath convocou eleições dois dias depois. Ele acabou perdendo (ver p. 42), e um novo governo do Partido Trabalhista, liderado por

Harold Wilson, assumiu o poder. A greve dos mineiros terminou com a oferta de um aumento salarial de 35%. E as luzes voltaram a se acender.

Declaração de Djerba

Política e geograficamente, o norte da África seria hoje um lugar muito diferente se um acordo assinado em 11 de janeiro de 1974 tivesse se tornado realidade. Djerba é uma grande ilha na costa da Tunísia e, naquela data, foi o local de um encontro entre Habib Bourguiba, com setenta anos de idade e havia muito presidente daquele país, e o muito mais jovem Muammar Kadhafi, chefe de Estado da Líbia. A Declaração de Djerba, resultado desse encontro, propunha a unificação dos dois países, de modo que uma nova entidade política surgisse — a República Árabe Islâmica —, com uma única constituição, um único presidente e um único exército. Bourguiba seria o presidente desse novo estado; Kadhafi ficaria a cargo das forças armadas. Seriam feitos referendos nos dois países. Descrever a assinatura da Declaração de Djerba como inesperada seria um eufemismo. Houve pouca discussão prévia a respeito do plano, e o acordo que Bourguiba assinou fora escrito à mão por Kadhafi no último minuto.

Kadhafi já pedia a união árabe havia algum tempo. Em 1971, ele assinara um acordo com os líderes da Síria e do Egito para trabalhar na direção de uma fusão dos três países em um estado árabe unificado, mas discussões sobre termos específicos de tal fusão logo destruíram a ideia. No ano seguinte, em dezembro, ele fez um discurso em Túnis, no qual pediu a união entre a Líbia e a Tunísia. Ainda que tivesse expressado o desejo de um "Estados Unidos do Norte da África" anteriormente, o próprio Bourguiba desdenhou do discurso de Kadhafi, respondendo com uma fala na qual negava que já tivesse existido alguma unidade árabe no passado, e sugeria que a Líbia, em si, mal era um país unificado. O que aconteceu para que Bourguiba mudasse de ideia nos treze meses que antecederam à Declaração de Djerba e reconsiderasse a proposta não está claro. Um historiador do norte da África chamou o súbito acordo para uma união com a Líbia de "um dos momentos de maior perplexidade na história política da Tunísia". O que quer que tenha motivado Bourguiba a colocar seu nome na Declaração (senilidade avançada que permitiu que ele fosse manipulado, segundo seus inimigos; um plano maquiavélico para afastar Kadhafi de possíveis alianças com países rivais, como o Egito, segundo seus apoiadores) não garantiu que seu comprometimento durasse muito tempo. O referendo proposto na Tunísia foi postergado indefinidamente, o ministro do governo de Bourguiba mais entusiasta da unificação foi demitido e o acordo entre os dois países ruiu em um mês.

Jogos da Commonwealth começam em Christchurch

Realizada em 1930 como Jogos do Império Britânico e, mais tarde, conhecida como Jogos do Império Britânico e da Commonwealth, a competição esportiva quadrienal teve sua décima edição em Christchurch, na Nova Zelândia, no início de 1974. Foi só na segunda vez que a palavra "Império" fora retirada inteiramente do nome oficial do evento, que ficou conhecido simplesmente como Jogos da Commonwealth. O príncipe Philip representou a rainha na cerimônia de abertura, em 24 de janeiro, que incluiu 2500 crianças vestidas de vermelho, branco e azul, formando um "NZ74" no meio do estádio, um *haka* maori e o tradicional desfile dos atletas participantes. Trinta e oito nações, da Austrália à Zâmbia, passando por outras como Botsuana, Fiji, Malásia e Trinidad e Tobago, participaram da competição, e foram conquistadas medalhas em 121 eventos.

Este foi o primeiro grande evento esportivo envolvendo várias nações desde os Jogos Olímpicos de Munique, em 1972, que fora cenário de um ataque terrorista contra os atletas israelenses. A segurança, que nem sequer constava do orçamento original dos jogos de Christchurch quando o evento começou a ser organizado, seis anos antes, era agora central no planejamento e muito mais rígida do que fora nos Jogos da Commonwealth anteriores. A vila dos atletas, estabelecida no alojamento estudantil da Universidade de Canterbury, foi cercada temporariamente por arame farpado, e guardas patrulhavam o perímetro, garantindo que só pessoas com passes oficiais pudessem entrar. Poderia ter sido uma atmosfera intimidadora, mas os organizadores tiveram uma ideia para fazer os competidores se sentirem bem-vindos. "Famílias anfitriãs" se voluntariaram para "adotar" os atletas durante a duração dos Jogos. Os visitantes recebiam um endereço para onde escapar, se quisessem, da intensidade da vila dos atletas e relaxar na companhia de uma família neozelandesa comum.

O primeiro dia de competição, 25 de janeiro, foi marcado por uma vitória para a nação anfitriã nos 10 mil metros masculino, quando o neozelandês Dick Tayler ultrapassou vários corredores mais conhecidos, incluindo a grande esperança britânica, David Bedford, e cruzou a linha de chegada no Queen Elizabeth II Park no tempo de 27 minutos e 46,4 segundos. Dentre outros vencedores nos oito dias seguintes, estavam o velocista jamaicano Don Quarrie, que conquistou a medalha de ouro tanto nos 100 metros quanto nos 200 metros; o corredor tanzaniano Filbert Bayi, que bateu um recorde mundial nos 1500 metros; a australiana Raelene Boyle, que se igualou a Quarrie nas competições femininas e venceu tanto os 100 quanto os 200 metros; e Mary Peters, que adicionou mais uma medalha de ouro da Commonwealth no pentatlo (ela já tinha vencido nos jogos de Edimburgo, em 1970) à medalha olímpica que conquistara dois anos antes.

A natação foi dominada pelos australianos, que venceram a maioria das medalhas de ouro tanto nas provas masculinas quanto nas femininas, ainda que o escocês David Wilkie tenha ficado em primeiro tanto nos 200 metros peito quanto nos 200 metros medley. O levantador de pesos nascido na África do Sul, Precious McKenzie, representando a Inglaterra, ganhou a terceira de quatro medalhas de ouro sucessivas nos Jogos da Commonwealth. Sua quarta conquista, nos jogos de Edmonton, em 1978, viria aos 42 anos de idade, quando estava competindo pela Nova Zelândia, país este que o impressionara tanto, quatro anos antes, que ele acabou se mudando para lá.

Nas competições de ciclismo, a equipe da Uganda se apresentou sem bicicletas, presumindo erroneamente que os organizadores dos jogos as forneceriam. O povo de Christchurch veio em auxílio deles, e conseguiu algumas bicicletas para a competição. Infelizmente, as novas bicicletas não os ajudaram a ter êxito. A Inglaterra e a Austrália dividiram entre si as sete medalhas de ouro disponíveis. Outras modalidades disputadas incluíram boliche, badminton, boxe, tiro e luta livre. O painel final de medalhas foi liderado pela Austrália, que conquistou 29 ouros, pela Inglaterra, com 28, e pelo Canadá, com 25. A anfitriã, Nova Zelândia, conseguiu mais oito medalhas de ouro, além da conquistada por Dick Tayler.

Ian Wooldrigde, na época um dos jornalistas esportivos mais conhecidos da Grã-Bretanha, previra um desastre assim que chegou e viu o que considerou serem instalações abaixo do padrão para algumas das competições. No entanto, ele acabou se enganando. Depois de duas semanas de disputas, ele ficou feliz em concordar com aqueles que "declaravam os Jogos de Christchurch os mais amigáveis, os mais eficientes e, em geral, os melhores... da série da Commonwealth".

Nick Rennison

A morte dE Sam GoldwYN

Em 31 de janeiro, um dos maiores e mais pitorescos produtores cinematográficos da história de Hollywood faleceu em sua casa, em Los Angeles. Szmuel Gelbfisz nasceu em Varsóvia, provavelmente em 1879, embora mais tarde afirmasse que seu ano de nascimento era 1882. Ele deixou sua cidade natal na adolescência e, após estadas em Hamburgo e Birmingham, onde mudou seu nome para Samuel Goldfish, chegou aos Estados Unidos em janeiro de 1899.

Em 1913, já estava envolvido com a indústria cinematográfica e fundou uma produtora com seu cunhado, Jesse Lasky. O primeiro lançamento deles foi um faroeste, *The Squaw Man*, dirigido por Cecil B. DeMille. Com o nome alterado mais uma vez, Samuel Goldwyn criou a Goldwyn Pictures Corporation em 1916. (Embora o maior de todos os estúdios na Era de Ouro de Hollywood fosse a MGM, Metro Goldwyn Mayer, Goldwyn não tinha conexão direta com ela. O estúdio era o resultado de uma sequência de fusões de empresas, uma delas envolvendo a Goldwyn Pictures, mas Goldwyn deixara a empresa antes da fusão. No entanto, a MGM manteve o leão rugindo que tinha sido usado como mascote da Goldwyn Pictures. E ele permanece como o logo da empresa até os dias atuais.) A partir de meados da década de 1920, Goldwyn trabalhou como produtor independente, com grande sucesso. Entre os vários filmes aos quais seu nome está ligado estão *Dead End, Morro dos ventos uivantes* e *Pérfida*. Em 1946, *Os melhores anos de nossas vidas*, uma produção de Samuel Goldwyn, ganhou o Oscar de melhor filme.

Ele ficou famoso por seus "Goldwynismos", que eram tão amplamente citados, durante sua vida e depois de sua morte, quanto seus filmes. Infelizmente, algumas das contradições e erros frasais mais memoráveis ("Um contrato verbal não vale o papel no qual está escrito"; "Li parte disso até o final"; "Alguém que vai a um psiquiatra devia ter a cabeça examinada") são apócrifos. No entanto, é provável que ele tenha dito algumas das muitas observações distorcidas que lhe foram atribuídas, embora ele mesmo tenha se cansado da crença de que não soubesse falar inglês direito. Certa vez, ele disse para o escritor Garson Kanin: "Goldwynismos. Não me fale em Goldwynismos, pelo amor de Deus! Você quer ouvir algum Goldwynismo, fale com Jesse Lasky". Como Kanin escreveu mais tarde, isso era "um Goldwynismo puro, criado enquanto ele tentava negar a existência de tal coisa". Seja qual for a verdade sobre as diversas citações ligadas a seu nome, certamente seria uma delícia acreditar que, quando um subalterno apontou que Goldwyn não poderia fazer uma versão cinematográfica do controverso romance da autora Radclyffe Hall, *O poço da solidão*, porque as personagens centrais eram lésbicas, o magnata respondeu: "Está tudo bem, podemos transformá-las em albanesas".

Fevereiro

Bomba
Edifício Joelma
Conservador
Incêndio
Primeiro-Ministro
Soldados
Obra de Arte
Explosão
Estado de Emergência
Resgate
Astronauta
Desespero
Fumaça
Estação Espacial
Tragédia
Morte
São Paulo
Eleições Gerais

Um incêndio em um edifício com vários andares, em São Paulo, causa a morte de 179 pessoas. Na Grã-Bretanha, a primeira de duas eleições gerais do ano leva o trabalhista Harold Wilson de volta ao número 10 da Downing Street como primeiro-ministro, depois de quatro anos de um governo conservador. Uma bomba destrói um ônibus que viajava pela rodovia M62, em Yorkshire, matando uma dúzia de pessoas e ferindo várias outras. A Skylab 4 retorna à Terra, trazendo três astronautas da estação espacial norte-americana. Um quadro de Vermeer é roubado em Hampstead. Granada conquista sua independência. O escritor dissidente Aleksandr Soljenítsyn é expulso da União Soviética. Alison Steadman e Myra Frances protagonizam o primeiro beijo lésbico da TV britânica.

O incêndio no edifício Joelma

Edifício Joelma era o nome dado a um arranha-céu de 25 andares no centro de São Paulo, onde ficava o escritório central do Banco Crefisul S.A. Por volta das 8h50 do dia 1º de fevereiro de 1974, o edifício se tornou a cena de um dos piores incêndios em um arranha-céu antes do ataque de 2001 ao World Trade Center em Nova York. Um ar-condicionado sofreu um curto-circuito no 12º andar, superaqueceu e pegou fogo. Como havia muito material inflamável no mobiliário interno do Joelma, e não havia sistemas de contenção de incêndios no local, só foram necessários vinte minutos para que o fogo se espalhasse por diversos andares. As escadas ficaram cheias de fumaça, impedindo que as pessoas fugissem por elas. A falta de saídas e luzes de emergência só aumentou a confusão e o terror.

Os bombeiros foram alertados, mas ficaram presos no caminho, "avançando lentamente através dos engarrafamentos que aumentavam no centro da cidade", como descreveu uma reportagem. Quando chegaram ao Joelma, conseguiram tirar muitos funcionários do edifício em segurança, mas o calor e a fumaça nas escadas impediram que o resgate chegasse aos andares mais altos. Não só isso, mas as escadas que eles tinham só alcançavam metade da altura do prédio. Não demorou para que se tornasse impossível passar do 11º andar. Dezenas de pessoas nos andares acima, presas pelo fogo, foram até o telhado, e inicialmente havia esperança de serem resgatadas por helicóptero. Mas esses planos foram frustrados quando se percebeu que o calor intenso e a espiral de fumaça tornavam qualquer aterrissagem ali impossível. O desespero tomou conta de muitos daqueles que estavam presos. Pelo menos quarenta pessoas, sem outra perspectiva, sentiram-se obrigadas a pular das janelas do edifício para fugir das chamas, mas nenhuma delas sobreviveu.

Com os bombeiros no local, jogando milhares de litros de água, o incêndio começou a se extinguir entre as 10h30 e 11 horas. Lá pelo meio da tarde, sem mais material para alimentá-lo, o fogo simplesmente apagou. A essa altura, no entanto, pelo menos 179 pessoas[2] que trabalhavam no edifício Joelma tinham morrido, e mais de 300 sofreram queimaduras e danos causados pela inalação de fumaça. Treze vítimas foram encontradas no poço de um dos elevadores do edifício, tão queimadas que nunca foram devidamente identificadas. O número de mortos no Joelma foi tão grande que levou a um reexame e endurecimento dos regulamentos de segurança não só no Brasil, mas em vários países ao redor do mundo. O edifício em si permaneceu fechado durante quatro anos, enquanto um trabalho de reconstrução substancial era realizado. Quando reabriu, recebeu o nome de Edifício Praça da Bandeira, por conta da praça logo em frente. O nome "Joelma" ficou muito manchado pelos horrores do dia do incêndio.

Eleições na Grã-Bretanha

No início de 1974, o primeiro-ministro britânico era Ted Heath. Ele havia chegado ao poder com a vitória do Partido

---

2   O número de mortes provocadas pelo incêndio no Edifício Joelma é incerto. Há bibliografias que apontam 187 vítimas. (N.E.)

Conservador nas eleições de 1970, depois de cinco anos como líder da oposição. O mandato de Heath teve seus sucessos (ele conseguiu colocar a Grã-Bretanha na Comunidade Econômica Europeia, seu objetivo de longa data), mas enfrentou crise após crise. Cinco estados de emergência foram declarados em menos de quatro anos. Em 7 de fevereiro, confrontado por uma infinidade de problemas, desde as dificuldades crescentes na Irlanda do Norte e a turbulência industrial por todo o Reino Unido até agitações e rebeliões entre seus próprios aliados, Heath cometeu o que tem sido descrito como "um dos maiores erros de cálculo da história política britânica". Convocou eleições gerais. Ele não precisava fazer isso até o ano seguinte, mas estava determinado a conquistar um novo mandato para seu governo e suas políticas. "Vocês querem um governo forte e com clara autoridade no futuro para tomar as decisões que serão necessárias?", perguntou ele em seu pronunciamento na TV sobre as eleições. A maioria das pessoas provavelmente queria, mas se elas achavam que esse governo devia ser liderado por Ted Heath ainda era uma pergunta que precisava ser respondida. O que se seguiu foi, nas palavras do historiador Dominic Sandbrook, "uma das campanhas eleitorais mais tumultuadas da história moderna".

A personalidade desastrada e muitas vezes difícil de Heath não contribuiu para as chances de sucesso do Partido Conservador. Era comum que o primeiro-ministro parecesse rude, arrogante e alienado. "Em vez de tentar falar com as pessoas", o futuro ministro de Relações Exteriores, Douglas Hurd, então um de seus aliados políticos, escreveu mais tarde, "o sr. Heath em geral falava para elas". Como disse o historiador Andy Beckett em seu relato sobre a Grã-Bretanha dos anos 1970, "para um político com gosto pelo consenso, ele tinha uma capacidade impressionante de enfurecer". O oponente de Heath era Harold Wilson, um político astuto que fora primeiro-ministro entre 1964 e 1970, e que vencera duas eleições acirradas na década anterior. Ele já não tinha mais a mesma força política, mas ainda era um candidato formidável. No entanto, a desilusão política tanto com o Partido Conservador quanto com o Partido Trabalhista estava crescendo. Muitos eleitores concordavam com a afirmação do jornal *Sun*, previamente um apoiador dos trabalhistas: "Estamos cansados do Show de Ted e Harold".

No primeiro dia da campanha, Heath anunciou uma flexibilização significativa na semana de três dias (ver p. 28), o que seria imediatamente perceptível pela maioria dos eleitores. Os canais de TV receberam permissão para transmitir após as 22h30. Apesar de todos os problemas que o governo conservador enfrentara, as pesquisas sugeriam inicialmente que a vitória seria deles. Até os principais políticos trabalhistas estavam pessimistas com as perspectivas do partido. Seis dias antes do pleito, Tony Benn acompanhou Wilson em um comício e anotou em seu diário: "Acho que ele percebe que talvez esteja a uma semana do fim de sua carreira política". No dia da eleição, depois de um período de campanha incomumente breve, de apenas três semanas, a nação se preparou para votar, naquela quinta-feira, 28 de fevereiro. Os conservadores ainda estavam otimistas. Divulgando uma pesquisa de último instante que dava uma liderança significativa para os conservadores, o *Daily Mail* publicou a manchete: "Uma bela vitória para Heath". Não era para ser.

As preocupações de que o eleitorado estivesse desencantado com todos os políticos e provavelmente ficasse em casa se mostraram equivocadas. A porcentagem de eleitores que apareceram para exercer seu direito democrático foi alta, mas o resultado da eleição foi frustrante para todos os partidos. A grande força do sistema distrital de maioria simples é produzir, pelo menos supostamente, um resultado decisivo. Em fevereiro de 1974, isso não aconteceu. Os trabalhistas saíram como o maior partido, conquistando 301 assentos, mas ainda faltavam 17 cadeiras para conquistarem a ampla maioria. Apesar de obterem um número ligeiramente maior de votos, os conservadores ficaram com apenas 297 assentos. Os liberais aumentaram seu número

1974 | Fevereiro

de representantes eleitos de 6 para 14. Uma estatística que parece quase incrível atualmente é que apenas 23 deputadas foram eleitas em fevereiro de 1974, três a menos das que tinham conquistado uma vaga na Câmara dos Comuns nas eleições gerais anteriores, de 1970.

No início, Ted Heath não estava disposto a deixar o cargo, e esperava ser capaz de chegar a algum acordo com os liberais, liderados por Jeremy Thorpe, o qual lhe garantisse permanecer como primeiro-ministro. Thorpe, tentado pela perspectiva de um alto cargo em qualquer governo de coalizão, estava interessado. Seu partido, no entanto, exigiu promessas de uma reforma eleitoral. Em troca da cooperação com os conservadores, os liberais queriam representação proporcional, para que, no futuro, o número de deputados de seu partido em Westminster refletisse mais de perto o número de votos conquistados nas eleições nacionais. Heath não estava preparado para aceitar isso, e ofereceu apenas a possibilidade de um plebiscito oficial sobre a reforma eleitoral, pois sabia que qualquer coisa além disso desagradaria seus próprios deputados. Ele também desconfiava do desejo de Thorpe de se tornar ministro do Interior em qualquer coalizão governamental. "Eu fui advertido pelo ministro-chefe do Gabinete", ele escreveu mais tarde em sua autobiografia, "de que havia questões na vida particular de Thorpe, ainda desconhecidas do público, que poderiam tornar essa posição muito inadequada para ele assumir".

As discussões entre conservadores e liberais não deu em nada. (A carreira de Thorpe realmente terminou em escândalo alguns anos mais tarde, quando ele foi julgado em Old Bailey pela acusação de conspirar para assassinar um homem que fora seu amante. Ele foi absolvido, mas sua carreira política estava acabada.) Tentativas de atrair os sindicalistas do Ulster para algum tipo de pacto formal também fracassaram. O primeiro-ministro teve, então, que encarar o fato de que sua renúncia era inevitável. No início da manhã de 4 de março, uma segunda-feira, Heath fez uma última reunião com figuras importantes de seu gabinete. "Não foi uma ocasião feliz", um deles relatou, em um eufemismo tipicamente britânico.

Naquela tarde, Harold Wilson retornou a Downing Street como primeiro-ministro. As pessoas que se reuniram do lado de fora aplaudiram ou vaiaram, segundo suas simpatias políticas, quando ele desceu do carro oficial. Wilson não parecia muito animado com as perspectivas que tinha diante de si. Nas palavras de Andy Beckett, ele "caminhou lentamente — quase com dificuldade — pelos poucos metros até a porta da casa nº 10, com os ombros caídos e de costas para a multidão. Na soleira da porta, ele se virou e acenou, um pouco sem jeito, sem nenhuma alegria aparente. Deu um sorriso muito rápido". Um jornalista o chamou para perguntar como ele se sentia estando de volta. Wilson ficou parado por um bom tempo, olhou de relance duas vezes para a esposa, e respondeu: "Temos um trabalho a fazer", ele anunciou. "Só poderemos realizar este trabalho como um povo, e vou começar a trabalhar agora mesmo."

A BoMba no ôNibus nA M62

No fim da tarde do dia 3 de fevereiro, um ônibus saiu de Manchester. Especialmente reservado para transportar soldados britânicos de volta às suas bases depois de um final de semana de folga, o veículo seguia pela rodovia M62 a pouco menos de 100 km/h, a caminho de Catterick, em North Yorkshire, quando uma bomba de quase 12 kg que estava escondida no bagageiro explodiu. Toda a parte de trás do ônibus foi destruída, mas, de algum modo, o motorista Roland Handley conseguiu desviar o veículo mutilado até o acostamento. Sangrando muito por causa dos ferimentos causados pelos detritos arremessados com a explosão, ele deixou seu assento para investigar os destroços. Era uma cena terrível. Ele viu "uma criança de dois ou três anos caída na estrada. Morta. Havia corpos por todo lado". Poucos momentos depois da explosão, outros motoristas pararam para ver como poderiam ajudar. "O cheiro era a pior parte", disse um deles depois. "Estava escuro, então não dava para ver a seriedade dos ferimentos, mas o problema era o cheiro. Era uma carnificina completa."

O hall de entrada da seção oeste do posto de gasolina Hartshead Moor, perto de Brighouse, se tornou uma estação improvisada de primeiros-socorros, onde os feridos foram tratados antes de serem transferidos para os hospitais mais próximos. Onze pessoas morreram como resultado da bomba na M62, e outras cinquenta ficaram feridas, algumas delas gravemente. (Um homem morreu por causa dos ferimentos alguns dias depois.) Uma família inteira — o cabo Clifford Haughton, sua esposa, Linda, e seus dois filhos, Lee, de cinco anos, e Robert, de dois — estava entre os mortos. Eles estavam nos assentos logo acima da bomba.

Dez dias depois da explosão, uma jovem inglesa chamada Judith Ward foi presa em Liverpool, onde dormia na rua e tentava conseguir dinheiro e uma oportunidade de viajar para a Irlanda. Sob custódia da polícia, ela acabou assumindo a responsabilidade por colocar a bomba no ônibus, e cientistas forenses encontraram traços de nitroglicerina tanto nas unhas de suas mãos quanto em seus bens pessoais, incluindo sua mochila. Apesar de numerosas inconsistências nos vários depoimentos que Ward deu à polícia — vinte e oito, ao total —, e apesar das dezenas de testemunhas dispostas a declarar que ela estava em Cotswolds no dia anterior à explosão, trabalhando como cavalariça para o circo Chipperfield, ela foi levada a julgamento. Em outubro, Ward compareceu ao Tribunal da Coroa de Wakefield, acusada de quinze delitos, incluindo doze assassinatos. Ela declarou inocência. A acusação se baseou nas confissões da própria Ward, as quais ela já havia desmentido, e na evidência científica que provava o contato dela com explosivos; a defesa argumentou que ela era uma

"Walter Mitty de saias", que suas confissões eram todas fantasias e divagações e que as evidências forenses não eram nem de perto tão fortes quanto a acusação afirmava.

Em 4 de novembro, Ward foi declarada culpada de todas as acusações e condenada à prisão perpétua.

Após sua condenação, o IRA Provisório emitiu um comunicado no qual anunciava inequivocamente que Ward nunca fora membro da organização, e que ela não tinha nada a ver com o atentado. Era tarde demais para ajudá-la de alguma forma. A condenação de Ward foi a primeira de uma série de equívocos da justiça em casos envolvendo atrocidades com bombas do IRA Provisório. Ela cumpriu quase dezoito anos de pena antes de finalmente ter a sentença anulada e ser liberta em maio de 1992. A identidade do verdadeiro responsável pela bomba na M62 permanece incerta, e ninguém mais foi preso e condenado pelo crime.

GRanAda conqUista sUa inDEpendência

Em 1974, a Grã-Bretanha já vinha perdendo seu império havia décadas. A Índia conquistara sua independência em 1947. Nações africanas independentes emergiam, de Gana ao Quênia, nas décadas de 1950 e 1960. A última década também vira a Jamaica, Trinidad e Tobago e Barbados cortarem relações diretas com Londres. Nos anos 1970, era hora de as possessões menores da Grã-Bretanha no Caribe garantirem suas liberdades. A primeira a fazer isso foi Granada. Os colonizadores originais da ilha tinham sido os franceses, mas o território fora cedido aos britânicos em 1763, após a Guerra dos Sete Anos. Por mais de dois séculos, permaneceu parte do Império Britânico.

O movimento em direção a um governo autônomo, discutido pela primeira vez nas primeiras décadas do século XX, começaram a ganhar força nos anos após a Segunda Guerra Mundial. Em 1958, Granada foi uma das várias ilhas caribenhas a se unirem na Federação das Índias Ocidentais, uma união política de curta duração que nunca conseguiu estabelecer realmente um método de trabalho, e que entrou em colapso em apenas quatro anos. Em 1967, a ilha se declarou um dos Estados Associados das Índias Ocidentais, o que significava que teria controle sobre seus assuntos domésticos, embora o governo britânico continuasse a cargo da defesa e da política externa.

Em 7 de fevereiro de 1974, a independência total finalmente chegou para Granada, e Eric Gairy se tornou primeiro-ministro da nova nação. Gairy era uma grande força política em Granada havia décadas. Sindicalista de origem, ele fundou o Partido Trabalhista Unido de Granada em 1950, quando era um jovem de quase trinta anos, e passou por dois mandatos no poder durante os anos 1960, antes da independência, primeiro como ministro-chefe e depois como premier. Apesar disso, ele não era, de jeito algum, universalmente popular entre os granadinos. E, depois da independência, se tornou cada vez mais ditatorial. Uma milícia, a Polícia de Reserva Especial, informalmente conhecida como a Gangue do Mangusto, estava sob seu controle e atuava efetivamente como seu exército particular, ameaçando e até mesmo, alega-se, matando seus oponentes políticos.

Um dos interesses mais incomuns de Gairy tinha a ver com óvnis. Ele estava convencido de que visitantes alienígenas existiam, e que, em suas próprias palavras, "pessoas do espaço sideral estão nos estudando, talvez até vivendo entre nós como terráqueos". Ele chegou ao ponto de se dirigir a um comitê das Nações Unidas e sugerir que a organização estaria se esquivando de suas responsabilidades globais se não desse "uma olhada séria no fenômeno óvni". As Nações Unidas não compartilhavam das preocupações de Gairy sobre possíveis alienígenas entre nós, e ele logo teve assuntos mais urgentes para resolver. Conforme seu regime ficava mais opressivo, seus rivais políticos em Granada conspiraram contra ele. Durante outra visita de Gairy à ONU, em 1979, entre rumores de que a Gangue do Mangusto planejava assassinar líderes oposicionistas enquanto ele estivesse fora do país, houve um golpe armado e ele foi derrubado.

O retorno da Skylab 4

A Skylab foi a primeira estação espacial estadunidense, lançada em órbita ao redor da Terra em maio de 1973. Três tripulações de astronautas passaram um tempo lá. Um pouco confusas, as missões tripuladas anteriores tinham sido a Slylab 2 e a Skylab 3. A Skylab 4, apesar do número, foi só a terceira a ser tripulada (a missão Skylab 1 refere-se ao lançamento da estação espacial). O foguete que levou Gerald Carr, Edward Gibson e William Pogue ao espaço foi lançado em 16 de novembro de 1973. Era a primeira viagem espacial de todos eles (no final, também foi a única) e, juntos, eles passaram o período, então recorde, de 84 dias no espaço.

Ao chegarem à estação espacial, eles ficaram surpresos ao encontrar três figuras em trajes espaciais no local — mas eram apenas manequins, deixados por seus predecessores da Skylab 3 como uma piada. Os astronautas também ficaram admirados em ver como seu novo lar era grande. Era possível se perder lá dentro. Mais tarde, Ed Gibson descobriu que, em determinado momento, seus dois colegas estiveram à sua procura, e não o encontraram porque ele estava abaixado em uma área conhecida como Oficina Orbital. "Quando eu finalmente apareci, eles disseram: 'Onde diabos você estava?'." A cada três dias, eles falavam com suas famílias de dez a quinze minutos. Era uma ligação importante para os homens, embora alguns familiares parecessem um pouco desinteressados nas conversas pelas vastas distância do espaço. Em uma ocasião, Ed Gibson estava empolgado com o que pensava ser uma descrição eloquente das maravilhas que podia ver da Skylab, quando ouviu sua filha mais nova dizer: "Mamãe, posso ir brincar lá fora?".

O sucesso das duas missões anteriores, as Skylabs 2 e 3, colocou pressão nos três homens da Skylab 4. O Controle da Missão tinha uma imagem nada realista da quantidade de trabalho que poderiam passar para Carr e seus colegas, e o cronograma deles era punitivamente pesado. Um dos homens, William Pogue, sofreu um surto de enjoo espacial assim que chegou à estação, e todos os três achavam difícil manter o que Ed Gibson mais tarde descreveu como "nada mais do que uma simulação de incêndio de 33 dias", nos quais seu tempo era controlado no detalhe, a cada minuto, pela equipe da NASA em Houston. A tensão crescia entre os três homens e o Controle da Missão. "Nós enfrentamos vários problemas por vários dias", Carr admitiu mais tarde, "porque ficamos relutantes em admitir publicamente que não estávamos fazendo as coisas direito".

Depois de algumas semanas, ele resolveu tentar explicar as dificuldades que a pequena equipe tinha, e essa exposição de preocupações facilitou a vida de todos. Por causa dos problemas que realmente ocorreram naquelas primeiras semanas, persistem os rumores de que os três astronautas efetivamente entraram em greve durante um determinado momento da missão. A verdade mais mundana foi que houve uma falha nas comunicações, e eles perderam contato com Houston durante um tempo. "Não houve uma 'greve no espaço', de jeito algum", Gerald Carr escreveu mais tarde. "Com o que poderíamos ameaçar o governo? Morar na lua?"

As últimas seis semanas que a tripulação permaneceu a bordo da estação provaram ser mais satisfatórias do que as seis primeiras. A princípio, o retorno deles estava previsto para o início de janeiro, depois de aproximadamente sessenta dias, mas o plano sempre foi estender esse tempo semanalmente se tudo estivesse correndo bem. Certamente foi o caso. Os homens estavam agora mais animados e ainda com boa forma física. A estação em si estava bem conservada.

Nick Rennison

Os aumentos semanais de estadia ocorreram ao longo de janeiro. Cinco dias depois de realizarem a quarta e última caminhada espacial fora da Skylab 4, os três astronautas completaram sua missão recorde. Era hora de trazê-los para casa. O módulo de comando caiu no Pacífico em 8 de fevereiro e foi pego pelo *USS New Orleans*. A estação espacial Skylab, em si, retornou à Terra em julho de 1979, desintegrando-se ao entrar na atmosfera e espalhando destroços pelo oceano Índico e oeste da Austrália.

O roUbo do VErmeer

A Guitarrista é uma pintura de Johannes Vermeer, uma de suas poucas obras que se encontram no Reino Unido, e pode ser vista na Kenwood House, em Hampstead. E foi de lá que ela foi roubada na noite de 23 de fevereiro de 1974. Alguém usando uma marreta arrombou uma janela com grades de aço no térreo, tirou a pintura da parede e fugiu antes que o alarme fosse disparado. Mas uma obra de arte tão famosa não seria descartada com tanta facilidade. "Estamos procurando ou um mestre do crime ou um maluco", um porta-voz da Scotland Yard opinou. "Poderia ser obra de alguém que não sabe o que fez ou que não tem ideia do valor do item roubado. Mas, até agora, achamos que foi um mestre do crime que planejou a operação ao longo de alguns anos." Segundo Robert Volpe, um detetive particular estadunidense que se especializou em rastrear obras de arte roubadas, esse suposto mestre do crime devia conhecer a pessoa para quem iria vender a pintura. De que outra forma poderia lucrar com o crime? "O que esse cara vai fazer?", disse Volpe na época. "Ir até um comerciante de arte e dizer: 'Ei, estou querendo vender meu Vermeer'?"

A polícia suspeitava de que a pintura tivesse sido roubada expressamente para que um resgate pudesse ser exigido para sua devolução. De fato, mensagens anônimas com exigências logo começaram a

1974 | Fevereiro

chegar. Uma estipulava que dois prisioneiros do IRA condenados à prisão perpétua fossem transferidos de uma cadeia britânica para uma irlandesa. Outra, feita por telefone, exigiu um resgate na forma de 1 milhão de dólares em alimentos a serem distribuídos para os pobres da recém-independente nação de Granada, nas Índias Ocidentais. Em determinado momento, um pequeno pedaço da tela foi enviado em um envelope para o jornal *Times*, juntamente com um bilhete escrito à máquina lamentando o fato de que "o capitalismo valoriza mais seus tesouros do que a humanidade", e ameaçando queimar a pintura.

Por pouco mais de dois meses, parecia que o Vermeer estava perdido para sempre. A moldura foi achada logo depois do roubo, danificada em um canto, mas não havia sinal da pintura em si. Todas as tentativas de rastreá-la fracassaram, incluindo o pedido de ajuda a uma vidente que afirmou ter "visto" o paradeiro da obra de arte enquanto passava roupa. Depois de outra pista anônima, os oficiais da Scotland Yard finalmente encontraram *A Guitarrista*, em 7 de maio. A pintura estava no cemitério da igreja de São Bartolomeu, o Grande, onde, nas palavras do porta-voz da polícia, estava "encostada em uma lápide, enrolada em jornal e amarrada com um barbante". Exceto por pequenos sinais de umidade, a pintura estava intacta. Foi devolvida para a Kenwood House, onde ainda pode ser vista nos dias de hoje. O ladrão nunca foi identificado. Algumas especulações afirmavam que fora Rose Dugdale, uma apoiadora do IRA, pertencente à elite e educada em Oxford, que participou de um ataque à Russborough House, em County Wicklow, em abril de 1974, no qual dezenove pinturas de grandes mestres foram roubadas. Ela foi presa, julgada e condenada à prisão por esse crime, mas nunca foi acusada de roubar *A Guitarrista*. O jornalista Simon Jenkins especulou que a pessoa responsável pelo roubo da obra de Vermeer em Kenwood House era alguém simplesmente obcecado com a mulher retratada no quadro, e que então "descobriu ser difícil demais lidar com ela".

Nick Rennison

Soljenítsyn Expulso da União Soviética

Segundo Harrison Salisbury, ex-correspondente em Moscou do *New York Times*, Aleksandr Soljenítsyn era "um gênio literário cujo talento se equipara ao de Dostoiévski, Turguêniev, Tolstói e Gorki". Na década de 1960, o poeta russo Ievguêni Ievtuchenko o chamou de "nosso único clássico vivo". Nem todos concordavam com essa ideia de grandeza, e Gore Vidal, sempre controverso, certa vez o descreveu como "um mau romancista e um tolo", destacando que essa era uma combinação que "em geral traz grande popularidade nos Estados Unidos". A fama de Soljenítsyn pode ter diminuído um pouco desde sua morte, em 2008, mas ele continua sendo uma figura-chave na literatura russa do século XX.

Isso pode ter parecido improvável em determinados momentos, em especial para o próprio escritor. Soljenítsyn, que passou anos em campos de concentração depois da Segunda Guerra Mundial, principalmente no que hoje é o Cazaquistão, estava em desacordo com regime soviético durante grande parte de sua carreira literária. "Durante todos aqueles anos, até 1961", escreveu ele mais tarde, "não só eu estava convencido de que jamais veria uma única linha minha impressa na vida, mas também mal ousava permitir que qualquer um dos meus conhecidos lesse alguma coisa que escrevi, porque temia que se tornasse público".

O breve período em que contou com apoio das autoridades veio no início da década de 1960, quando seu romance *Um dia na vida de Ivan Deníssovich*, baseado em suas experiências nos campos de concentração, foi publicado com a permissão expressa do líder soviético Nikita Khruschov. Com o objetivo de se dissociar dos horrores do stalinismo, Khruschov governou durante um período de relativa liberalização. Assuntos que antes tinham sido considerados tabu nas artes, tais como as condições no Gulag, agora podiam ser tratados.

1974 | Fevereiro

A nova liberdade artística de Soljenítsyn não durou muito. Com Khruschov deposto do poder em 1964 e o reestabelecimento de uma política cultural mais repressiva, ele descobriu que era mais uma vez impossível suas obras serem publicadas. Tentativas de expor todos os horrores dos campos de trabalho forçado em sua obra-prima de três volumes, *Arquipélago Gulag*, foram ativamente reprimidas. Ele foi expulso do sindicato oficial dos escritores em 1969. No Ocidente, entretanto, sua reputação e status como dissidente só aumentavam. Ele foi condecorado com o Prêmio Nobel de Literatura em 1970, pela "força ética com a qual vem perseguindo as tradições incontornáveis da literatura russa". Com medo de não poder retornar à União Soviética se viajasse até Estocolmo para a cerimônia, não pôde aceitar o prêmio pessoalmente. A sugestão de que ele poderia fazer isso na embaixada da Suécia em Moscou também foi vetada, dessa vez porque os suecos temiam ofender a União Soviética.

Quanto mais era elogiado no Ocidente, mais Soljenítsyn se tornava um anátema para as autoridades de seu próprio país. No início de 1974, ficou quase impossível para ele atuar como escritor na União Soviética, ou mesmo como cidadão. Ao ser intimado a comparecer no escritório do Ministério Público de Moscou, ele se recusou e, em vez disso, alertou a mídia ocidental, incluindo a BBC, sobre o que estava acontecendo. Em 12 de fevereiro, oito homens invadiram seu apartamento, e ele foi preso acusado de traição. "Então esse é o jogo de vocês!", dizem que ele gritou para seus captores. Temendo o pior, ele passou a noite em uma cela com mais dois homens. No dia seguinte, foi expulso do país e perdeu a cidadania soviética. Soljenítsyn foi levado até o aeroporto e colocado em um voo para Frankfurt, na Alemanha Ocidental. Antes disso, ele só deixara a União Soviética uma vez, como soldado do Exército Vermelho durante o avanço das tropas até a Alemanha, no final da Segunda Guerra Mundial, e nunca estivera em um avião. Ao aterrissar em Frankfurt, um oficial da KGB lhe entregou alguns marcos alemães e o largou aos cuidados de um comitê de boas-vindas de oficiais da Alemanha Ocidental. No início, ele foi abrigado por um amigo escritor, Heinrich Böll, em sua casa na pequena vila de Langenbroich, na Renânia do Norte-Vestfália. No mês seguinte, mudou-se para Zurique, onde sua família se juntou a ele.

Em dezembro de 1974, ele finalmente conseguiu participar do banquete Nobel, em Estocolmo, e fez o discurso que fora incapaz de fazer quatro anos antes. "A Academia Sueca e a Fundação Nobel provavelmente nunca tiveram tanta preocupação com alguém quanto tiveram comigo", ele começou, e prosseguiu oferecendo à audiência uma defesa eloquente da liberdade de expressão e da importância de uma nação enfrentar a verdade sobre si mesma. "Ai da nação", disse ele, "cuja literatura é interrompida pela intrusão da força. Isso não é apenas uma interferência sobre a liberdade de imprensa, mas uma censura ao coração da nação, é a excisão de sua memória".

O prImeiro bEijo léSbico Na TV BritânIca

Algumas vezes, presume-se que o primeiro beijo lésbico na TV britânica foi na série *Brookside*, em 1994, quando Anna Friel, interpretando Beth Jordache, envolveu Margaret Clemence (Nicola Stephenson) em um abraço apaixonado. Na verdade, o tabu fora quebrado quase vinte anos antes, em um curta chamado *Girl*, parte de uma série de dramas de um episódio produzida nos estúdios Pebble Mill, em Birmingham, intitulada *Second City Firsts*. Transmitida pela primeira vez na BBC 2, em 25 de fevereiro, e escrita por James Robson, *Girl* era a história, vista em retrospectiva, do romance entre duas soldados do Corpo do Exército Real de Mulheres (WRAC), uma das quais está prestes a dar baixa quando encontra sua antiga amante.

1974 | Fevereiro

Na época, Alison Steadman estava no início de uma carreira que a levaria a ser uma das atrizes mais famosas do Reino Unido, conhecida da audiência pelos papéis frequentes nos filmes de Mike Leigh, seu ex-marido, e como protagonista de séries de TV como *The Singing Detective* e *Gavin e Stacey*. "Quando me ofereceram o papel, fiquei bem nervosa", disse ela depois, mas prosseguiu elogiando a abordagem do diretor do drama, Peter Gill. "Ele foi ótimo, porque não fez estardalhaço com o fato de que éramos duas mulheres ou que tínhamos que nos beijar. Ele disse que era simplesmente uma história de amor". O produtor se mostrou um pouco mais preocupado com a cena do que Gill, porque resolveu assistir aos ensaios para monitorar o que estava acontecendo, e um anúncio especial, avisando aqueles que provavelmente ficariam ofendidos pelo que estavam prestes a ver, foi transmitido um pouco antes de a peça ir ao ar. Quando o programa estreou, a maior preocupação de Steadman era que seus pais, que viviam em uma tranquila área suburbana de Liverpool, poderiam ficar constrangidos com a cena e com o furor que ela pudesse causar, mas "minha mãe disse que achou ótimo e que ficou bastante comovida".

O beijo de Steadman e Frances nas telas precedeu em cinco anos o primeiro beijo entre dois homens na TV britânica, que aconteceu em 1979, em um episódio do programa *Play for Today*, com o título apropriado de *Coming Out*. O pioneiro *Girl* não foi transmitido novamente até 2016, quando foi incluído em uma coleção de programas inovadores com temática LGBT na BBC Store, um serviço de vídeo sob demanda que durou pouco tempo.

Março

Onoda
Hiroo
China
Segurança
Baleado
Princesa Anne
Guerreiros de Terracota
Estátuas
Rádio Pacífico
Honra
Já BBC
Fusca Pão
Carro Volkswagen
Museu
Teatro Rendição

A montadora alemã Volkswagen lança um novo modelo de carro que espera ser um substituto, capaz de alcançar o mesmo sucesso, para o lendário Fusca. A peça de Agatha Christie, A ratoeira, já um triunfo de longa data, estreia em um teatro diferente. Um soldado japonês da Segunda Guerra Mundial finalmente se rende, quase trinta anos após o fim do conflito. Em Londres, ocorre uma tentativa de sequestro à princesa Anne. Na China, camponeses fazem uma descoberta incrível enquanto escavam um poço.

O Volkswagen Golf

O primeiro Volkswagen Golf saiu da linha de montagem em Wolfsburg, na Alemanha, em março de 1974. Nos nove anos seguintes, mais de 6 milhões de outros automóveis desse modelo se seguiram. O Golf Mark 1 foi projetado para ser o sucessor do grande sucesso da empresa, o Fusca, que fora lançado na década de 1930 e ainda estava sendo produzido nos primeiros anos do século XXI. Seu projetista não era alemão, mas italiano — Giorgetto Giugiaro, um homem que foi eleito o Designer de Carros do Século em uma pesquisa de 1999 entre jornalistas automotivos. Ao longo de uma brilhante carreira, Giugiaro foi responsável por projetos para várias marcas de carro importantes, desde a Alfa Romeu até a BMW, passando pela Lotus e a SEAT. O malfadado DMC DeLorean, agora muito famoso por sua aparição nos filmes da série *De volta para o futuro*, foi obra de Giugiaro. Ele não se restringiu a automóveis. Também foi responsável por projetar relógios para a Seiko, câmeras para a Nikon, um órgão para a Catedral de Lausana e um passeio marítimo na cidade toscana de Porto Santo Stefano. Um de seus poucos fracassos indiscutíveis foi o projeto para um novo formato de massa, "Marille", que nunca conquistou o coração dos amantes de comida italiana.

Uma escolha importante para a Volkswagen foi como chamar o substituto do Fusca. Durante o estágio de desenvolvimento, várias possibilidades foram sugeridas, incluindo "Blizzard" e "Caribe", mas foram todas rejeitadas. Era necessário um nome simples e memorável, que pudesse ser claramente compreendido além das fronteiras internacionais e em uma variedade de idiomas. Depois de um tempo, a escolha recaiu sobre "Golf", não só em referência ao jogo, mas também à palavra alemã *Golfstrom*, que significa "Corrente do Golfo".

Na época de seu lançamento, a Volkswagen descreveu o novo carro em termos estritamente utilitários: "O Golf oferece mais em espaço útil e segurança. É voltado de forma intransigente para a praticidade. O perfil baixo permite uma boa visibilidade em todas as direções, e o capô dianteiro inclinado permite uma vista melhor da estrada na frente do carro. Graças ao vidro traseiro rebaixado, dar ré não é problema". No entanto, em retrospecto, com o passar das décadas, pareceu ser uma ocasião memorável na história da companhia. Segundo Klaus Bischoff, o homem que foi designer-chefe da Volkswagen entre 2007 e 2022, "a passagem do Fusca para o Golf foi revolucionária [...], um layout de veículo completamente novo foi criado na época". Os principais elementos de design do Golf 1 ainda podem ser encontrados em todos os Golfs de hoje.

A peça *A RAtoeira* É TRAnSferida para o St. Martin's Theatre

Notoriamente, *A ratoeira*, de Agatha Christie, é a peça que ficou mais tempo em cartaz na história do teatro. Desde sua estreia em Londres, em 25 de novembro de 1952, depois de apresentações prévias no mês anterior em Nottingham, Manchester, Birmingham e outras cidades, a peça registrou dezenas de milhares de apresentações. O elenco original de 1952 incluía a estrela de cinema e futuro diretor Richard Attenborough, juntamente com sua esposa Sheila Sim, mas as primeiras opiniões não foram totalmente elogiosas. Segundo um crítico no *Daily Herald*, Attenborough "não tem presença", e o clímax "nos deixou mais atordoados do que excitados [...]. Eu me senti levemente trapaceado". Um crítico mais generoso no *Bradford*

1974 | Março

Observer, depois de ver uma das prévias fora de Londres, previu corretamente que "esta peça deve ficar em cartaz por muito tempo na metrópole". O fato de a peça ainda reunir multidões mais de setenta anos depois provavelmente o surpreenderia.

Uma vez que as peças tendiam a ter temporadas mais curtas no passado, *A ratoeira* se tornou o espetáculo com maior tempo em cartaz na história do teatro britânico já na primavera de 1958, e, naquele momento, nas palavras do produtor Stephen Waley--Cohen, "começou a desenvolver seu próprio impulso". Assistir à peça logo se tornou um componente essencial para um passeio turístico em Londres, como visitar o museu de cera da Madame Tussauds ou ver a troca da guarda. No sábado, 23 de março de 1974, a peça encerrou sua temporada de 21 anos em seu lar original, o Ambassadors Theatre. Na segunda-feira seguinte, reestreou no St. Martin's Theatre, ali perto (e maior), onde tem sido apresentada desde então. Em todas essas décadas, houve apenas um hiato. Durante a pandemia, o St. Martin's, como todos os outros teatros, foi obrigado a fechar as portas, mas foi um dos primeiros a reabrir assim que as restrições foram retiradas.

A ratoeira teve uma gênese pouco comum. Ganhou vida como um drama de 30 minutos para o rádio, transmitido pela BBC em 30 de maio de 1947 como parte de uma noite de programas para celebrar os 80 anos da rainha Maria de Teck. No mesmo ano, ganhou uma versão para TV. Em 1948, Christie usou a peça para o rádio como base para um conto chamado *Três ratos cegos*, que foi publicado na revista estadunidense Cosmopolitan e, mais tarde, em uma coleção de contos também publicada nos Estados Unidos. (Embora a história já tivesse sido publicada em uma revista britânica logo depois que foi escrita, não apareceu mais no Reino Unido). A escritora viu um potencial maior na trama e escreveu a peça de teatro. Como já havia outro espetáculo recentemente apresentado em West End com o nome *Três ratos cegos*, ela buscou

63

outro título, e *A ratoeira*, uma referência à peça dentro da peça *Hamlet*, foi escolhido.

Nem todos ficaram satisfeitos com a longevidade do espetáculo. "O St. Martin's Theatre é um dos teatros mais atraentes no West End", escreveu o crítico de teatro Charles Spencer, em 2011, "e é trágico que esteja tomado por uma bobagem tediosa há tanto tempo". Qual é o apelo tão durador de *A ratoeira*? A própria Agatha Christie sugeriu uma resposta. "É o tipo de peça a que qualquer um pode assistir", ela disse uma vez. "Não é assustadora de verdade. Não é horrível de verdade. Não é uma farsa de verdade, mas tem um pouco dessas três coisas, e talvez isso satisfaça muita gente diferente." Em seu retorno ao St. Martin's, após a pausa forçada pelo lockdown, um redator de jornal saudou a peça como "o mistério de assassinato mais inteligente do teatro britânico", e previu, irônico, que ela "poderia ficar em cartaz para sempre". Cinquenta anos depois de a peça ter trocado de teatro, e mais de setenta depois de sua estreia, muitas vezes parece que ele pode estar certo.

Hiroo Onoda se rende

Depois que o Exército Imperial Japonês se rendeu em agosto de 1945, encerrando assim a guerra no Pacífico, um número significativo de soldados continuou lutando. Em geral isolados em pequenas ilhas, ou não receberam a notícia de que tudo estava acabado, se recusaram a acreditar no que ouviram, ou decidiram que sua honra exigia que continuassem a portar armas. Uma dessas últimas resistências, que não desistiu até março de 1974, mais de 28 anos depois que a maioria de seus compatriotas já tinha deposto as armas, foi Hiroo Onoda.

Nascido em Kainan, uma pequena cidade em Honshu, no Japão, em março de 1922, Onoda trabalhou durante a adolescência em uma empresa chinesa de importação e exportação, antes de se alistar no exército, em 1940. Quatro anos mais tarde, já como oficial da inteligência, ele foi mandado para a ilha de Lubang, nas Filipinas. Suas ordens eram juntar forças com outros soldados que já estavam ali e fazer todo o possível para conter os ataques crescentes dos Estados Unidos a Lubang. Ele recebeu ordens explícitas de não se render sob nenhuma circunstância.

Quando tropas estadunidenses chegaram à ilha e assumiram o controle, em 1945, Onoda se retirou para as montanhas com três companheiros. Eles embarcaram em uma campanha de guerrilha que persistiu por muito tempo depois da rendição japonesa, em setembro. Em outubro de 1945, Onoda viu um folheto lançado de um avião que trazia a notícia do fim da guerra, mas supôs que fosse um truque e ignorou. Ele e seus companheiros decidiram continuar lutando, escondidos nas partes mais remotas da ilha e, ocasionalmente, trocando tiros com as forças policiais do local. No outono de 1949, um dos quatro homens se separou do grupo e se rendeu vários meses depois. Outro foi morto em uma escaramuça com uma equipe de busca em 1954. Onoda e seu último companheiro, o soldado Kinshichi Kozuka, continuaram sua guerrilha solitária por mais 18 anos, até que Kozuka foi morto pela polícia, em outubro de 1972. Agora Onoda estava sozinho. Ele poderia ter permanecido na floresta até sua própria morte, se não fosse por um homem chamado Norio Suzuki.

Nascido em 1949, quatro anos depois que Onoda partiu para as montanhas, Suzuki era um jovem aventureiro, com vontade de conquistar a fama. Quando soube da notícia de que uma resistência da época da guerra ainda operava em Lubang, ele viu sua oportunidade. Em suas próprias palavras, ele queria rastrear "o tenente Onoda, um panda e o abominável homem das neves, nessa ordem". Ele viajou até a ilha filipina e começou as buscas por seu primeiro alvo. Talvez para sua própria surpresa, Suzuki logo teve êxito. Encontrou Onoda pela primeira vez no início de 1974. O primeiro instinto de Onoda foi atirar naquele que mais tarde chamou de "esse garoto hippie", mas Suzuki salvou sua própria vida ao gritar: "Onoda-san, o imperador e o povo do Japão estão preocupados com você". Ainda desconfiado, o soldado resistente conversou com o visitante inesperado, mas se recusou a se render até receber ordens diretas de seu oficial superior. O antigo comandante, o major Yoshimi Taniguchi, era agora um homem de idade e trabalhava em uma livraria no Japão, mas concordou em acompanhar Suzuki até Lubang.

Em 9 de março, Taniguchi se encontrou com Onoda e deu a ordem pela qual o soldado esperava. Ele cumprira seu dever, lhe foi dito. Sua honra estava satisfeita. Quase trinta anos depois da maioria de seus compatriotas, ele podia se render. Onoda entregou sua espada, seu rifle, munição e uma série de granadas de mão. Também entregou a adaga que sua mãe lhe dera de presente antes de ele partir para Lubang, para que tivesse meios de se matar caso sua honra assim exigisse. Onoda voltou ao Japão e descobriu que era, se não um herói, pelo menos uma celebridade.

Enquanto Onoda tentava lidar com a mudança atordoante de guerrilheiro solitário na selva a estrela da mídia japonesa, Suzuki saiu em busca das duas outras criaturas em sua lista. Não foi difícil localizar um panda, mas o Yeti acabou se provando um desafio maior, embora ele afirmasse ter visto um à distância, em 1975. Onze anos mais tarde, voltou aos Himalaias para prosseguir sua busca, mas morreu durante uma avalanche em novembro de 1986, ainda na esperança de um dia conseguir capturar um abominável homem das neves.

Onoda rapidamente se cansou da atenção que recebia no Japão, e achou difícil se ajustar a um país tão diferente daquele que deixara quando era um jovem soldado. Pouco mais de um ano depois de deixar a floresta, ele emigrou para o Brasil, onde se

1974 | Março

tornou criador de gado e um proeminente membro da comunidade japonesa na pequena cidade de Terenos, em Mato Grosso do Sul. Ele permaneceu no país por quase uma década, antes de retornar à terra natal, em 1984, e estabelecer a "Escola da Natureza Onoda", um acampamento educacional para jovens desfavorecidos. Hiroo Onoda morreu em um hospital de Tóquio em 16 de janeiro de 2014. Ele tinha 91 anos de idade.

Onoda não foi o último dos resistentes. Essa honra ambivalente vai para Teruo Nakamura, que foi encontrado na pequena ilha indonésia de Morotai, em dezembro de 1974. Nakamura era de Taiwan. Ele se juntara a um grupo de voluntários tailandeses, que se integrou às forças japonesas em 1943, e nem sequer falava japonês, então sua descoberta não ganhou a mesma cobertura ampla que a de Onoda. Nas décadas depois da rendição de Nakamura, houve rumores persistentes de que outros soldados resistentes ainda espreitavam na vastidão das florestas de ilhas remotas, mas nenhum jamais foi encontrado.

A tentativa de sequestro dA prINcesa Anne

Por volta das oito horas da noite de uma quarta-feira, 20 de março, a princesa Anne e seu marido, à época havia alguns meses, o capitão Mark Phillips, estavam a caminho de casa depois da exibição de um filme beneficente. Enquanto a limusine em que estavam descia o The Mall em direção ao Palácio de Buckingham, um Ford Escort branco dirigia de maneira errática na frente deles. Depois de um tempo, o carro obrigou o chofer da princesa Anne a parar. O motorista do Escort, mais tarde identificado como Ian Ball, saiu do carro carregando duas armas. O inspetor James Beaton, oficial da polícia que fazia a proteção pessoal da princesa, estava sentado no banco do passageiro e rapidamente saiu do veículo para confrontar o homem. Ball atirou em seu ombro. Apesar do ferimento, Beaton conseguiu reagir, mas sua mira já não estava boa, e sua arma, depois do primeiro disparo, travou. Ball se dirigiu até a porta de trás da limusine e começou a puxar a maçaneta. Enquanto isso, a princesa e seu marido lutavam para manter a porta fechada. Beaton conseguiu entrar novamente no carro pela outra porta traseira, e então tentou proteger a princesa, recebendo mais dois tiros no processo. O chofer, Alexander Callender, que também tentou interferir, levou um tiro no peito.

Em meio à confusão, Ball finalmente conseguiu abrir a porta do seu lado e agarrou a princesa Anne pelo braço, gritando: "Por favor, saia, você precisa vir". "Sem chance", ela respondeu. Uma briga indigna e perigosa se seguiu, durante a qual o vestido da princesa foi rasgado. Foi nesse ponto, ela contou para Michael Parkinson em seu programa de entrevistas na TV, em 1980, que ela ficou zangada. Até então, disse ela, "eu estava sendo escrupulosamente educada, porque achei que seria tolice ser muito rude". Já que seu suposto sequestrador estava portando uma arma e já tinha atirado em duas pessoas, ela provavelmente estava certa. "As costas do meu vestido rasgaram", ela prosseguiu, "e aquele era o momento em que ele se mostrava mais perigoso. Eu perdi a paciência naquele ponto".

Enquanto Anne perdia a paciência, outras pessoas, tanto policiais quanto transeuntes, chegaram à cena do crime e tentaram intervir. O policial Michael Hills, que estava de patrulha nas proximidades, se aproximou de Ball e levou um tiro na barriga. Ele caiu no chão, mas conseguiu pedir ajuda pelo rádio. Um jornalista chamado Brian McConnell se tornou o quarto homem a ser ferido quando se aproximou do atirador com as palavras: "Não seja tolo, meu velho. Abaixe a arma". Em vez disso, Ball lhe deu um tiro no peito. Quando o suposto sequestrador se voltou novamente para a limusine real, Ronald Russell, um ex-boxeador que vira o policial Hills cair no chão, e que deixara seu próprio carro para ver o que estava acontecendo, lhe deu um soco com toda a força na nuca. Muita coisa estava acontecendo em um breve período. A princesa saiu do carro pelo lado oposto de Ball, que reagiu tentando dar a volta na limusine para capturá-la. Russell deu outro soco nele, dessa vez no rosto. Anne voltou para o carro e fechou a porta. Nesse momento, mais policiais, atendendo ao chamado de Hills, chegaram à cena. Ian Ball começou a perceber que seu plano não estava funcionando como gostaria. Então decidiu que era hora de dar o fora, e saiu correndo pelo St. James's Park, sendo perseguido pelo detetive Peter Edmonds, um dos oficiais recém-chegados. Jogando seu casaco sobre a cabeça do fugitivo, Edmonds se lançou sobre ele e o derrubou no chão. O reforço chegou, e Ian Ball foi preso.

Logo ficou aparente que ele vinha preparando o sequestro havia algum tempo. Tinha adotado o pseudônimo de John Williams e feito o melhor possível para erradicar sua identidade como Ian Ball, queimando seu passaporte e outros documentos pessoais. Algemas foram encontradas em seu carro, juntamente com um bilhete de resgate bizarro endereçado à Rainha. Se tivesse conseguido sequestrar sua filha, ele teria exigido 2 milhões de libras, tudo em notas de 5, para garantir o retorno de Anne em segurança. Ele estipulara que o dinheiro deveria ser colocado em vinte malas destrancadas e embarcado em um avião para a Suíça. Em seu julgamento, em maio, Ball foi acusado de tentativa de assassinato e sequestro. Ele se declarou culpado. Ball tinha histórico de problemas mentais, e ficou claro que estava seriamente doente. Em uma declaração, até afirmou que sua incapacidade de conseguir um tratamento adequado para seus problemas psiquiátricos foi a força motivadora para sua tentativa de sequestro. "Eu gostaria de dizer que fiz isso porque queria chamar a atenção para a falta de instalações de tratamento para doenças mentais no Serviço Nacional de Saúde", disse ele. Ball foi condenado à prisão perpétua em regime fechado, e cumpriu pelo menos parte desse tempo em Broadmoor, um hospital psiquiátrico de alta segurança.

Nick Rennison

Alguns dias depois da tentativa de sequestro, um grupo que se autointitulava Movimento Ativista Revolucionário Marxista-Leninista enviou uma carta para o *Times*, afirmando ser responsável pelo ataque, mas jamais houve qualquer evidência de que outra pessoa além de Ball estivesse envolvida. Como o secretário do Interior Roy Jenkins relatou à Câmara dos Comuns: "Não há [...] indicação de que isso seja algo além de um ato cometido por um indivíduo". Os homens feridos — Beaton, Callender, Hills e McConnell — passaram um tempo no hospital, mas se recuperaram dos ferimentos. Beaton foi agraciado com a Cruz de George por sua coragem; Hills e Russell receberam a Medalha de George; e Callender, McConnell e Edmonds, a Medalha de Bravura da Rainha.

O Exército de Terracota

Em 29 de março de 1974, seis irmãos da família Yang, todos entre quarenta e cinquenta anos, começaram a escavar um novo poço na província de Xianxim, na China. A área havia sido atingida por uma seca, e eles estavam preocupados com a falta de água para seus caquizeiros e romãzeiras. Conforme cravavam as pás no solo, em busca do precioso líquido, começaram a encontrar fragmentos de cerâmica, inúteis para suas necessidades. Eles continuaram a escavar e, para sua surpresa e alarme, uma cabeça apareceu na terra.

Depois de um breve período de pânico, perceberam que era feita de terracota. Seria a imagem de um deus da terra? Será que tinham encontrado restos de um antigo templo? Não dava para ter certeza, mas sua preocupação principal ainda era a busca por água. Cavaram mais fundo, e desenterraram vários membros e torsos estilhaçados, feitos do mesmo material. Em suas tentativas de descobrir uma nova fonte de água para si mesmos, os irmãos Yang

1974 | Março

acabaram fazendo uma das maiores descobertas arqueológicas de todos os tempos — os Guerreiros de Terracota.

O homem que mais se esforçou para chamar a atenção do mundo para o Exército de Terracota foi o arqueólogo autodidata Zhao Kangmin. Na época em que os irmãos Yang estavam cavando seu poço, Zhao era o curador (e único funcionário) de um pequeno museu em uma área conhecida como Lintong, perto da antiga capital chinesa, Xian. Em 1962, ele mesmo descobrira três besteiros de terracota ajoelhados, e suspeitava de que deviam ser parte de um grupo maior de estátuas possivelmente ligadas ao primeiro imperador da China, mas não tinha os recursos para organizar uma escavação mais substancial. Ele também não tinha certeza do período dos besteiros. Em 25 de abril, quatro semanas depois da descoberta dos irmãos Yang, os rumores já tinham se espalhado. Zhao recebeu uma ligação pedindo para que ele fosse ver o que os fazendeiros tinham descoberto. "Peguei minha bicicleta", ele lembrou mais tarde, "e fui para o campo. Os Yang ainda estavam trabalhando lá, cavando o poço. Eu vi sete ou oito peças — pedaços de pernas, braços e duas cabeças — largadas perto do poço".

A visita de Zhao foi uma mudança em sua vida e na dos moradores locais. Ele encontrou fragmentos de estátuas por toda a vila. Uma mulher de idade levara uma cabeça para casa, colocara-a em uma mesa, acendera um incenso e começara a orar para ela. Alguns pedaços e peças estavam sendo usados como brinquedos de crianças. Zhao recolheu tudo o que conseguiu encontrar e voltou ao seu museu, onde começou o elaborado trabalho de juntar todas as peças. Não só a descoberta em si foi casual. Também foi casual o jeito como a notícia se espalhou. Se Zhao não tivesse ido à vila dos irmãos Yang, é bem possível que o exército de terracota continuasse escondido. "Os fazendeiros teriam destruído as estátuas, porque achavam que elas davam azar", Zhao contou mais tarde. "Eles teriam abandonado o poço, e ninguém teria contado para as autoridades."

Nick Rennison

Inicialmente, o próprio Zhao se manteve quieto sobre os guerreiros que conseguira reconstruir. Ele já tivera experiências com o vandalismo maoista durante a chamada Revolução Cultural, quando a Guarda Vermelha, desprezando o passado, destruiu uma estátua de seu museu. Ele tinha receio de que as estátuas restauradas pudessem ter o mesmo destino. Quando um jornalista de Pequim chegou a Lintong para visitar parentes e viu os guerreiros, Zhao implorou para que ele não escrevesse sobre aquilo. Em seu retorno para a capital, o jornalista ignorou o apelo de Zhao, e oficiais do governo chinês logo souberam da descoberta. Felizmente, os temores de Zhao se provaram infundados. Em vez de ordenar a destruição das estátuas, como se fossem relíquias inúteis de um passado distante e ideologicamente insalubre, as autoridades reconheceram seu potencial significado. Uma expedição em grande escala foi montada para escavar a área ao redor da descoberta inicial. Em poucos meses, escavações começaram em outros dois lugares, e mais centenas de guerreiros de terracota foram descobertos.

Hoje, milhares de estátuas foram reveladas, e imagina-se que ainda possa haver mais milhares aguardando para serem desenterradas. Cada uma é diferente, com características físicas únicas, e usam os uniformes adequados a vários papéis, desde soldados de infantaria a arqueiros, passando por cavaleiros e soldados em carruagens. Originalmente pintados em cores vivas, que desbotaram e descascaram ao longo dos séculos e pela exposição ao ar, os soldados de terracota são todos parte de um "exército", que também inclui 140 carruagens de batalha e quase 700 cavalos. Indiscutivelmente, o fato mais estranho sobre os guerreiros é que eles não foram feitos para serem vistos por pessoas comuns, muito menos pelos milhões que já viajaram até a província de Xianxim para vê-los ao longo dos cinquenta anos desde que os irmãos Yang fizeram sua extraordinária descoberta. As figuras em tamanho real estavam enterradas para atuarem como um exército após a morte em prol do Primeiro

Imperador Qin, Qin Shi Huang, o homem que, no século III a.C., transformou um punhado de estados que guerreavam o tempo todo entre si em algo como a nação única que a China é hoje. O Exército de Terracota guarda a imensa tumba do Imperador Qin, e se mantêm em prontidão no além-vida para protegê-lo.

ABRIL

Alemanha Ocidental
Ordem de Karl Marx
Muro de Berlim
Paris
Manchester United
Stephen King
Frankfurt
Metralhadora
Chanceler
Estado Novo
Guerra
Renúncia
Presidente
António Salazar
Cativeiro

O presidente francês morre no cargo e, na Alemanha Ocidental, o chanceler é obrigado a renunciar em resposta a um escândalo de espionagem. Portugal vê uma revolução em grande parte sem sangue, na qual o regime fascista Estado Novo é derrubado. Em San Francisco, nos Estados Unidos, a herdeira de uma fortuna é sequestrada e filmada participando de um assalto à mão armada a um banco. O grupo sueco Abba começa sua jornada rumo ao estrelato mundial com a vitória no Festival Eurovisão da Canção. Stephen King publica seu primeiro romance. O Manchester United é rebaixado da primeira divisão do futebol inglês.

A morte no cargo de GeORges Pompidou

Em 2 de abril, o presidente em exercício na França, Georges Pompidou, morreu em seu apartamento, em um edifício na Île Saint-Louis, em Paris. Ele tinha 62 anos. Nascido em 1911, Pompidou era filho de um casal de professores em Montboudif, uma pequena comuna no *département* Cantal, na região central da França. Depois de se formar na prestigiosa École Normale Supérieure, começou carreira como professor de literatura em um liceu parisiense. Servindo como tenente na Segunda Guerra Mundial, recebeu a *Croix de Guerre*, um prêmio por bravura excepcional. Já no final da guerra, chamou a atenção de Charles de Gaulle, líder do governo provisório francês na época que viu algo no jovem professor que se tornara soldado. Embora fosse completamente novato na política, Pompidou se tornou um dos protegidos de De Gaulle, trabalhando em sua equipe pessoal nos anos que se seguiram ao conflito.

Em 1955, com De Gaulle no meio de um longo período fora do poder, Pompidou se juntou ao Rothschild Bank, em Paris, e rapidamente subiu na carreira, até se tornar diretor-geral da instituição. Quando De Gaulle retornou como presidente da recém-fundada Quinta República Francesa, em 1958, Pompidou se tornou seu principal assistente pessoal e desempenhou um papel importante na elaboração de uma Constituição para a nova república. Ele também se envolveu em negociações secretas que finalmente puseram fim à amarga e prolongada guerra entre a França e a Frente de Libertação Nacional da Argélia. De Gaulle nomeou o relativamente desconhecido Pompidou como primeiro-ministro em abril de 1962, e ele permaneceu no posto durante mais de seis anos.

Pompidou foi eleito presidente da França em junho de 1969. Seu companheiro gaullista, Jacques Chirac, que também se tornaria presidente do país no futuro, trabalhou bem próximo de Pompidou nas décadas de 1960 e 1970, e mais tarde resumiu o caráter dele em suas memórias: "O homem parecia ser reservado, esperto, um pouco astuto", escreveu Chirac, "o que ele era, em certo grau. No entanto, eram especialmente sua inteligência, cultura e competência que lhe conferiam autoridade indiscutível e impunham respeito". Em 1973, era sua saúde, mais do que qualquer outra coisa, que preocupava os políticos na França.

O governo lutou durante grande parte daquele ano para manter em segredo as doenças recorrentes do presidente, mas isso se mostrou ser impossível. Poucas pessoas acreditavam nos relatos regulares de que ele sofria de resfriados e outras enfermidades de menor importância, quando as evidências do deterioramento de sua condição podiam ser vistas em suas aparições públicas. Ele ganhara peso, a instabilidade em seu andar era frequente e seu cansaço persistente era óbvio demais. Apesar disso, ele manteve a popularidade. Em uma pesquisa realizada no final de 1973, mais de 55% dos entrevistados se declararam satisfeitos com sua presidência, embora uma porcentagem ainda maior achasse que os problemas gerais do governo estavam piorando.

No início de 1974, seus problemas de saúde não eram mais segredo, e jornais como *L'Express* e *Le Monde* debatiam o futuro de seu governo e a possibilidade de uma renúncia. Em um comício para gaullistas fiéis no final de janeiro, ele mal conseguia ficar em pé. Em fevereiro, foi anunciado oficialmente que ele havia sido obrigado a ficar de cama durante um surto particularmente debilitante de gripe. "Ele está doente, muito doente", concluiu um observador. "Não é mais um assunto que não possa ser mencionado." Ele estava, de fato, sofrendo de uma forma rara de câncer no sangue, conhecida como doença de Waldenström, e morreu no início de abril.

O velório aconteceu em 6 de abril, na Catedral de Notre-Dame, e contou com a presença de vários chefes de estado e outros dignatários internacionais, incluindo Richard Nixon, o primeiro-ministro britânico Harold Wilson, a rainha Juliana dos Países Baixos, o imperador etíope Haile Selassie e Willy Brandt, chanceler da Alemanha Ocidental. O nome de Pompidou é mais lembrado hoje, certamente fora da França, pelo Centro Pompidou, uma das atrações turísticas mais visitadas em Paris. Um dos projetos que o presidente amante da cultura defendeu durante seu mandato foi a construção de um museu de arte moderna. Após sua morte, o projeto foi completado e nomeado em sua homenagem. Nas eleições presidenciais que se seguiram à morte de Pompidou, Valery Giscard d'Estaing derrotou François Mitterrand e assumiu o cargo no final de maio.

Abba Vence o Festival Eurovisão da Canção

Quem sediaria o Festival Eurovisão da Canção de 1974? A tradição estabelecida ao longo dos primeiros dezoito anos da competição dizia que o anfitrião do festival seguinte seria o país daquele que vencesse no ano anterior, mas Luxemburgo, que vencera em 1973, recusou a oportunidade, afirmando que era caro demais. Com isso, o evento foi organizado pela BBC e aconteceu no Brighton Dome, na Inglaterra, em 6 de abril. Dezessete países enviaram cantores ou bandas para competir pela glória da vitória. (Em comparação, 37 países participaram do festival de 2023.) A França desistiu no último minuto por causa da morte de seu presidente, Georges Pompidou, alguns dias antes. Quando todos os votos foram contados, havia um vencedor inconteste.

A italiana Gigliola Cinquetti conquistara o segundo lugar com a canção "Si", somando dezoito pontos; a dupla com o improvável nome de Mouth and MacNeal (os nomes verdadeiros eram Willem Duyn e Sjoukje van't Spijker), dos Países Baixos, ficou em terceiro, com quinze pontos; e Olivia Newton-John, apresentando-se pelo Reino Unido e cantando "Long Live Love", foi uma dos três competidores que empataram em quarto lugar, com catorze pontos. No topo, com 24 pontos, estava um grupo sueco formado pelo pianista Benny Andersson, pelo guitarrista Björn Ulvaeus e por duas cantoras glamurosas, a loira Agnetha Fältskog e a morena Anni-Frid Lyngstad. Eles eram, é claro, o Abba.

O grupo fora formado em Estocolmo dois anos antes, e já tentara conquistar a glória no Eurovisão em duas edições anteriores, com as canções "Better to have loved" (1972) e "Ring ring" (1973). Nenhuma das duas composições de Benny e Björn conseguiram ir além da etapa sueca do Festival, embora a última acabasse se tornando um sucesso nas paradas de vários países europeus. No entanto, 1974 era o ano do Abba. Depois de considerar brevemente a ideia de inscrever uma canção intitulada "Hasta Mañana", eles optaram (sabiamente, em retrospecto) pela extraordinariamente cativante "Waterloo", escrita por Benny e Björn e pelo empresário do grupo, Stig Anderson. No Melodifestivalen, em fevereiro, concurso que escolheria o representante sueco no Eurovisão, a música foi a grande vencedora.

Em Brighton, dois meses depois, eles lideraram a votação do início ao fim, e acabaram responsáveis pela apresentação mais popular e exitosa a ocorrer no Eurovisão. As tentativas anteriores de se qualificarem para o concurso podem ter terminado em fracasso, mas "Waterloo" acabou sendo um enorme hit. Desde o instante em que o maestro Sven-Olof Walldoff apareceu, vestido como Napoleão, tanto os espectadores ao vivo quanto os milhões que assistiam pela TV ficaram ao lado da banda. "Só duas coisas sobreviverão ao apocalipse nuclear", escreveu o jornalista James Rampton recentemente. "As baratas e o nosso amor imortal pelo Abba." Para muitas pessoas ao redor da Europa e, na verdade, ao redor do mundo, aquele amor imortal começou em uma noite de abril de 1974, em Brighton.

Um espião na Alemanha Ocidental

Em 1974, a Alemanha ainda era um país dividido, e sua antiga — e futura — capital, Berlim, também era uma cidade dividida. Essa ainda era o que podia ser chamada de a "Era de Ouro" da espionagem da Guerra Fria. Ambos os lados se espionavam. O lendário espião da Alemanha Oriental, Markus Wolf, conhecido durante anos como "O homem sem rosto", porque as autoridades no Ocidente sequer possuíam uma foto confirmada dele, foi o chefe da divisão de inteligência estrangeira do Ministério para a Segurança do Estado, a "Stasi", durante décadas. Nessa época, ele supervisionou uma sucessão de operações contra o Ocidente. Seu maior golpe foi infiltrar um agente bem no coração do governo da Alemanha Ocidental. Sem que suas contrapartes no Ocidente soubessem, um dos espiões de maior sucesso de Wolf foi, durante anos, um assistente próximo do chanceler da Alemanha Ocidental, Willy Brandt.

Günter Guillaume nasceu em Prenzlauer Berg, em Berlim, em fevereiro de 1927, filho de um pianista de cinema e uma cabeleireira. Seu pai se juntou ao Partido Nazista logo depois que Hitler assumiu o poder na Alemanha, e o próprio Günter foi membro do partido no último ano da guerra. Ainda adolescente, em 1944, ele foi recrutado pela Força Aérea Alemã, trabalhando como *Luftwaffenhelfer*, ou auxiliar. Depois da guerra, morou na Alemanha Oriental e teve vários trabalhos distintos antes de ser recrutado pela Stasi. Aos 29 anos, ele e a esposa, Christel, foram instruídos pelos seus contatos a se mudarem para a Alemanha Ocidental e a se envolverem na política do país vizinho. Afirmando serem refugiados de um sistema que lhes negava a liberdade que queriam, foram aceitos no Ocidente. Estabeleceram-se em Frankfurt e, no início, gerenciaram uma cafeteria na cidade. Juntaram-se ao Partido Social-Democrata da Alemanha (*Sozialdemokratische Partei Deutschlands*) em 1957. Günter subiu na hierarquia como funcionário do partido, e se juntou ao *Bundeskanzleramt* (Escritório do Chanceler) em Bonn, em 1960.

Suas responsabilidades iniciais envolviam articulações com os sindicatos. Em 1972, sua firmeza e disposição para trabalhar longas horas lhe garantiram uma promoção. Ele se tornou um dos três assistentes pessoais de Willy Brandt.

Os serviços de segurança em Bonn começaram a suspeitar de Guillaume ainda no início de 1973, mas escolheram, por motivos que não estão inteiramente claros, não investigar mais profundamente. Sequer advertiram Brandt, no verão daquele ano, quando o chanceler propôs levar Guillaume consigo, como seu único assistente, para uma visita à Noruega. Mais tarde, o espião confessou que isso lhe proporcionara a oportunidade de entregar cópias de várias cartas ultrassecretas para seus contatos na Alemanha Oriental, incluindo correspondências de Brandt com o presidente dos Estados Unidos, Richard Nixon, nas quais eram discutidas as estratégias nucleares da OTAN.

Os serviços de segurança da Alemanha Ocidental finalmente agiram no ano seguinte, e Guillaume foi preso em 24 de abril, ao retornar de umas férias no sul da França. A notícia da prisão foi transmitida a Brandt no aeroporto de Bonn no mesmo dia, assim que ele aterrissou após uma visita oficial à Argélia e ao Egito.

Quando a notícia chegou às redações, cresceram as especulações na imprensa sobre a natureza das informações que Guillaume transmitira à República Democrática Alemã. Surgiram até rumores de que o espião também atuara como cafetão, procurando mulheres para o chanceler.

Em suas memórias, como era de se esperar, Brandt estava ansioso para diminuir o papel que o espião teve em sua vida. "Guillaume não era alguém que participava das discussões políticas", ele escreveu. "Era apenas um assistente confiável; não um parceiro em conversas sérias, mas um funcionário bom e metódico [...]. Eu não gostava tanto de sua companhia ou de tê-lo próximo por muito tempo." Mesmo assim, a exposição pública de um espião da Alemanha Oriental no âmago de seu governo foi um dos principais fatores que contribuíram para a queda de Brandt. Embora o chanceler tentasse inicialmente enfrentar a tempestade, depois de um tempo ele se curvou ao inevitável. No final da noite do dia 6 de maio, ele entregou sua carta de demissão ao presidente, Gustav Heinemann. "Assumo a responsabilidade política pela negligência em relação ao caso do espião Guillaume", disse ele. "E declaro minha demissão do cargo de Chanceler". Dez dias depois, ele foi substituído por Helmut Schmidt, Ministro das Finanças em seu governo durante os dois anos anteriores.

No final de 1975, aproximadamente dezoito meses depois de ser exposto como espião, Guillaume foi condenado a treze anos de prisão e sua esposa, a oito anos. Os dois foram libertados em 1981, em uma troca por espiões ocidentais presos do outro lado do Muro de Berlim. Ao voltar à Alemanha Oriental depois de 25 anos longe, o casal teve dificuldades para se ajustar à sociedade da qual estiveram ausentes por tanto tempo. Eles se divorciaram logo após o retorno. Embora tenha sido celebrado como herói nacional e condecorado com a Ordem de Karl Marx pelo líder da Alemanha Oriental, Erich Honecker, Guillaume continuou se sentindo desconfortável no país pelo qual havia se envolvido em espionagem de alto nível. Ele começou a treinar outros espiões mais jovens, e morreu de ataque cardíaco em 1995.

O "Caso Guillaume" continua a fascinar as pessoas no século XXI. A peça de Michael Frayn, *Democracy*, que estreou no National Theatre de Londres em 2003, e tinha Roger Allam como o chanceler e Conleth Hill como seu assistente, explorava o relacionamento ambivalente entre os dois homens. No mesmo ano, o filho de Willy Brandt, Matthias, que se tornara ator, interpretou não o papel de seu pai, como era de se esperar, mas o de Guillaume, em um filme para a TV sobre o espião. Talvez a maior ironia na saga seja que, mais tarde, Markus Wolf disse nunca ter sido sua intenção derrubar Brandt, e que o Caso Guillaume era um dos maiores erros da Stasi.

Patty Hearst no Assalto Ao SaN Francisco Bank

Uma das fotos mais memoráveis da década de 1970 é uma imagem granulada de uma jovem de cabelos escuros segurando uma metralhadora. A foto foi tirada pela câmera de segurança de um banco em 15 de abril, e a mulher era Patricia Hearst, de 20 anos e neta do magnata dos jornais William Randolph Hearst, supostamente em quem fora baseado o personagem Charles Foster Kane, protagonista do filme de 1941, *Cidadão Kane*, de Orson Welles. Apenas dois meses antes, Patty Hearst era aluna de história da arte na Universidade da Califórnia em Berkeley. Em 4 de fevereiro, ela estava em seu apartamento com o namorado, Steven Weed, quando ouviu uma batida na porta. O casal atendeu e encontrou uma jovem, que afirmou ter sofrido um acidente de carro e pediu para usar o telefone. Quando abriram a porta para ela, dois homens armados, que estavam parados atrás da moça,

1974 | Abril

forçaram a entrada no apartamento. Um derrubou Weed no chão e o nocauteou com um golpe. Hearst foi agarrada, amarrada com fio de náilon e vendada. Um vizinho, ouvindo o barulho, chegou para ver o que estava acontecendo. Ele também foi derrubado e amarrado. Steven Weed, voltando a si, viu uma chance de escapar e saiu correndo pela porta dos fundos. Patty Hearst foi carregada escada abaixo, até o térreo, e colocada no porta-malas de um carro. Ela estava sendo sequestrada por um grupo de ativistas de esquerda que se autodenominava Exército Simbionês de Libertação (ESL).

Em seu manifesto, os fundadores do ESL, Donald DeFreeze e Patricia Soltysik, explicaram que "o nome 'simbionês' vem da palavra 'simbiose', e definimos seu significado como um conjunto de corpos e organismos distintos vivendo em parceria e harmonia profunda e amorosa, pensando no melhor interesse de todos dentro do conjunto". O grupo nunca consistiu em mais do que um punhado de pessoas que poderiam, nas palavras de um escritor, "caber dentro de uma van Chevy". Infelizmente, ao perseguir a "parceria e harmonia profunda e amorosa", o ESL cometeu assassinato, sequestro e roubo a banco.

Eles afirmavam terem sequestrado Patty como punição pelos crimes "que sua mãe e seu pai cometeram contra nós, o povo americano, e contra as pessoas oprimidas do mundo". A primeira exigência chegou em uma mensagem alertando que Parry seria morta se fosse feita qualquer tentativa de resgatá-la, e terminava com o "cativante" lema do ESL: "Morte ao inseto fascista que ataca a vida do povo". A família Hearst foi informada de que deveria usar sua influência para persuadir o estado da Califórnia a libertar dois membros do ESL que tinham sido presos por sua conexão com o assassinato de um proeminente educador, em novembro do ano anterior. Logo os sequestradores ficaram sabendo que isso jamais aconteceria. Não havia possibilidade de as autoridades da Califórnia libertarem suspeitos de assassinato para agradar à família Hearst.

A proposta seguinte do ESL era que os Hearst distribuíssem comida para os pobres da Califórnia. Em 22 de fevereiro, o pai de Patty organizou a primeira distribuição em Bay Area, mas, como já era possível prever, o caos se instalou. Longas filas se formaram nos pontos de distribuição, e em alguns desses locais houve confrontos entre os destinatários dos alimentos e a polícia. Em Oakland, os organizadores foram obrigados a jogar comida de uma janela para uma multidão de milhares de pessoas. Um homem foi atingido e ficou inconsciente, e as pessoas começaram a arremessar as latas de comida de volta. Algumas das pessoas que se qualificavam para as doações se recusavam a aceitá-las, sentindo que estavam maculadas pela associação com o ESL. "Eu valorizo mais a vida humana do que uma sacola de mantimentos", uma pessoa comentou.

Durante todo esse tempo, Patty Hearst foi mantida em cativeiro pelo ESL e sofreu uma série de tormentos físicos e mentais. Trancada em um pequeno quarto, com os olhos vedados e as mãos amarradas, ela era regularmente ameaçada de morte. Em seu julgamento, foi declarado que ela também havia sido estuprada por DeFreeze e os demais. De tempos em tempos, ela era solta e tinha permissão para participar das discussões do grupo sobre política, sociedade e revolução. Suas ideias sobre os sequestradores começaram a mudar. Ao longo das semanas seguintes, o ESL enviou uma série de gravações de áudio para a família Hearst, nas quais era possível ouvir a voz de Patty, parecendo cada vez mais solidária às crenças do grupo. Finalmente, em 3 de abril, ela disse: "Me deram a escolha de ser liberta... ou de me juntar às forças do Exército Simbionês de Libertação e lutar pela minha liberdade e pela liberdade de todas as pessoas oprimidas. Escolhi permanecer e lutar". Em sua nova encarnação como lutadora da liberdade, ela adotou o nome de "Tânia", em referência ao *nom de guerre* de Haydée Tamara Bunke Bider, que lutara ao lado do revolucionário Che Guevara nas florestas da Bolívia e morrera ali sete anos antes.

1974 | Abril

Doze dias mais tarde, membros do ESL, incluindo Hearst, entraram no Hibernia Bank, no número 1450 da Noriega Street, em San Francisco, portando armas. Uma delas, Nancy Ling Perry, estava tão nervosa que derrubou seu pente de munição com estrépito e teve que se abaixar para pegá-lo. O líder do grupo, Donald DeFreeze, passou por ela e gritou para os dezoito funcionários e os seis clientes que estavam no banco naquela manhã. "Isso é um assalto!", ele rugiu. "O primeiro filho da puta que não se deitar no chão leva um tiro na cabeça!" Enquanto as pessoas obedeciam às suas ordens, outro membro do ESL saltou a divisória que separava os funcionários dos clientes e começou a pegar o dinheiro dos caixas. Patty Hearst recebeu ordens de DeFreeze para mostrar que estava presente, ficando parada à vista das câmeras de segurança e dando tiros para o teto do banco. Como sua arma travou no momento vital, tudo o que ela conseguiu fazer foi gritar: "Aqui é Tânia... Patricia Hearst", antes de se juntar aos seus novos companheiros na vigia das pessoas deitadas no chão.

Apesar do problema com a arma de Patty, o assalto ocorria mais ou menos como planejado, mas as coisas começaram a se complicar quando dois novos clientes entraram no banco. Pete Markoff e Gene Brennan não tinham ideia do que estava acontecendo. Nancy Ling Perry, mais uma vez em pânico, atirou neles, acertando Brennan na mão e Markoff no traseiro. Sangrando, os dois homens conseguiram sair do banco cambaleando. Lá dentro, ficou óbvio que era hora de o ESL dar o fora com qualquer pilhagem que tivessem conseguido amealhar. Passando por cima de Markoff, que estava caído na calçada, eles foram correndo até o carro da fuga e partiram.

A discussão que agora se espalhava pela mídia e por todos os lugares era sobre o envolvimento de Patty no assalto. Será que ela era uma participante voluntária? Ou teria sofrido lavagem cerebral para assumir um lugar ao lado dos outros assaltantes armados?

Em outra gravação, ela desdenhou dessa última ideia como sendo "uma coisa tão ridícula que é difícil acreditar". Ela anunciou que era "um soldado no Exército do Povo". Outro mês se passou antes que Patty fosse vista novamente. Em uma loja de artigos esportivos em Inglewood, na Califórnia, tiros foram disparados durante uma tentativa de deter um suposto ladrão. O ladrão era William Harris, membro do ESL; e a atiradora, sentada em um veículo do lado de fora e que encheu a placa da loja com tiros de rifle semiautomático, era Patty Hearst. Ela, Harris e a esposa de Harris, Emily, fugiram da cena do crime em uma van da Volkswagen, mais tarde encontrada abandonada. Dentro do porta-luvas, a polícia encontrou evidências que a levaram até o esconderijo do ESL, na East 54th Street, em Los Angeles.

Em 17 de maio, oficiais da polícia e equipes da SWAT cercaram a casa. Patty e os Harris não estavam lá, mas Donald DeFreeze e cinco de seus companheiros do ESL estavam. Fortemente armados, não estavam dispostos a se render. O tiroteio que se seguiu foi transmitido ao vivo para uma audiência em todo o país. Essa audiência incluía Patty e os Harris, que estavam enfurnados em um hotel não muito distante dali e assistiam horrorizados ao desenrolar dos acontecimentos. Dois membros do ESL foram mortos a tiro enquanto tentavam fugir da casa, disparando suas armas. Os outros morreram dentro do imóvel, de ferimentos a bala ou com a inalação da fumaça do incêndio que teve início durante a batalha. Presume-se que Donald DeFreeze tenha apontado sua arma para si mesmo, em vez de se deixar ser capturado.

Chocados por terem visto as mortes de seus companheiros, Patty Hearst e os Harris decidiram deixar a Costa Oeste e passaram o outono de 1974 escondidos na Pensilvânia. Depois disso, passaram quase um ano atravessando os Estados Unidos e sobrevivendo com o produto de uma série de roubos. Durante um desses assaltos, desta vez ao Crocker National Bank em Carmichael, na Califórnia,

1974 | Abril

uma mãe de quatro filhos chamada Myrna Opsahl foi morta a tiros. Patty foi a motorista da fuga. Em 18 de setembro de 1975, Patty Hearst, também conhecida como Tânia, finalmente foi presa em San Francisco. Quando perguntaram sua profissão, enquanto estava sendo fichada na prisão, ela disse "guerrilheira urbana". Patty foi a julgamento em janeiro do ano seguinte, acusada de assalto a banco, e foi considerada culpada. Recebeu originalmente uma sentença de 35 anos, mas foi solta em fevereiro de 1979, depois que o presidente Jimmy Carter reduziu sua sentença. Mas foi só Bill Clinton que, em um de seus últimos atos como presidente, lhe garantiu perdão total em 2001, e ela finalmente foi absolvida. As discussões sobre a extensão e a natureza de sua culpabilidade nos acontecimentos dramáticos de 1974 continuam. Será que ela foi uma participante inteiramente voluntária? Ou foi um exemplo extremo da então chamada síndrome de Estocolmo, com a qual reféns ou vítimas de sequestro formam um forte elo psicológico com aqueles que os mantêm cativos?

A Revolução dos Cravos

Em 1974, o regime do Estado Novo já estava no poder em Portugal por mais de quatro décadas. Entre 1932 e 1968, o país fora governado por António Salazar, primeiro-ministro e provável ditador. A doença fez com que Salazar renunciasse, e ele morreu em 1970. Seu sucessor como primeiro-ministro, Marcello Caetano, enfrentou problemas em várias frentes. Internamente, as finanças do país estavam um caos.

Na África, as guerras coloniais, travadas enquanto Angola e Moçambique lutavam para conquistar a independência, não estavam indo bem, e drenavam os recursos do país. Os militares, de quem o regime dependia em última instância para sobreviver, estavam cada vez mais inquietos e infelizes. Muitos oficiais estavam enojados com a insistência de Caetano em despejar homens e dinheiro nas guerras contra guerrilhas pró-independência nas colônias africanas. As perdas nesses conflitos distantes eram altas — mais de 9 mil jovens soldados portugueses morreram, e pelo menos outros 25 mil foram feridos —, e não havia fim à vista.

No início de 1974, um veterano das guerras da África, o general António de Spínola, publicou um livro intitulado *Portugal e o futuro*. Ele enviou um exemplar para Caetano, que o leu com uma sensação de ruína iminente. "Quando terminei a leitura", o primeiro-ministro confessou mais tarde, "entendi que um golpe de Estado, cuja aproximação eu sentia havia meses, era agora inevitável". A primeira tentativa acabou sendo um fiasco. Várias centenas de oficiais já tinham se unido para criar o Movimento das Forças Armadas e, em março de 1974, houve uma revolta de pequena escala entre militares da cidade de Caldas. Marcharam até Lisboa com a intenção de ocupar o aeroporto, mas o golpe mal planejado fracassou quando perceberam que nenhuma outra unidade do exército se juntaria a eles. Então retornaram para os quartéis em Caldas, onde foram rapidamente detidos e levados à prisão militar. (Eles seriam soltos um mês depois.)

Mas o regime apenas postergara sua queda, em vez de impedi-la. Em 25 de abril, duas canções se tornaram os sinais para tentativas renovadas de derrubar o Estado Novo. No Festival Eurovisão da Canção, ocorrido em Brighton no início do mesmo mês, Paulo de Carvalho apresentou "E depois do adeus" como a participação de Portugal. A música teve pouca aprovação e terminou em último lugar, com apenas três votos a favor. Ela agora assumiria um papel central no desenrolar do drama. Quando foi transmitida em cadeia nacional de rádio, às 10h55 daquele dia, a canção alertou os soldados rebeldes de que o golpe estava prestes a começar. Às 12h20 do dia seguinte, a transmissão de outra música, "Grândola, Vila Morena", escrita por José Afonso, um músico renomado por sua oposição ao regime, deu a luz verde para todos os soldados dissidentes.

Os tanques agora avançavam para o centro de Lisboa. A principal ponte sobre o rio que cruza a cidade, o Tejo, foi tomada por tropas rebeldes, e o aeroporto e a emissora de televisão mais importante também estavam sob seu controle. Caetano e os outros ministros, ao ouvirem as notícias do sucesso dos rebeldes, se refugiaram em um quartel, mas os soldados invadiram o lugar e os prenderam. Logo ficou claro que o governo do Estado Novo perdera o desejo de lutar contra o que parecia inevitável. Como um historiador observou, "em menos de vinte horas, um regime que durara quase meio século... colapsou". Caetano e os outros ministros foram enviados para a Ilha da Madeira, rumo ao exílio no Brasil. A principal reclamação do primeiro-ministro deposto parecia ser a de que os soldados enviados para escoltá-lo eram comandados por um simples sargento-mor. Não é verdade que a revolução de abril tenha ocorrido sem derramamento de sangue. Em determinado momento do dia 25, a polícia do antigo regime abriu fogo contra uma multidão de manifestantes, e quatro foram mortos. No entanto, essas foram as únicas mortes no que se provou ser um golpe surpreendentemente pacífico.

Por que os acontecimentos que levaram à queda do regime do Estado Novo ficaram conhecidos como "Revolução dos Cravos"? Em grande parte, por causa das ações de uma mulher na casa dos quarenta anos, chamada Celeste Caeiro, que trabalhava em um restaurante de Lisboa prestes a comemorar seu primeiro aniversário. O plano era que, no dia 25 de abril, ela e outros funcionários entregariam flores para os clientes. Os acontecimentos pegaram a todos de surpresa e, por causa do golpe, a ideia foi abandonada. O restaurante fechou naquele dia, e falaram para Caeiro que ela poderia fazer o que quisesse com os cravos vermelhos e brancos que tinham sido comprados para a comemoração cancelada. No caminho para casa, ela encontrou grupos de soldados nas ruas, e um deles lhe pediu um cigarro. Ela respondeu que não fumava, mas, em um momento de inspiração, lhe ofereceu um cravo. O soldado aceitou a flor e a colocou no cano de sua arma. Era um gesto simbólico, que levou Caeiro a distribuir o restante dos cravos para os companheiros do soldado, que seguiram o exemplo do rapaz. A ideia rapidamente se espalhou. Outras pessoas compraram mais flores para distribuir aos soldados, e logo cravos vermelhos e brancos estavam por todos os lados nas ruas de Lisboa.

O primeiro romance de Stephen King

O ano de 1974 foi aquele em que a vida do escritor Stephen King deu uma reviravolta dramática para melhor. Depois de se formar na Universidade do Maine, quatro anos antes, com um bacharelado em Língua Inglesa, ele publicou contos em várias revistas, mas isso não lhe garantia dinheiro suficiente para que pudesse se concentrar em seus escritos. Sua principal entrada de dinheiro vinha de seu trabalho como professor do ensino médio na pequena cidade de Hampden, no Maine. Tudo isso mudaria depois que ele começou a pensar numa trama envolvendo uma garota do ensino médio com poderes inesperados.

A intenção original de King era escrever um conto para a revista *Cavalier*, que já publicara várias de suas histórias. Ele enfrentou dificuldades quase que imediatamente. A cena de abertura incluía a chegada inesperada da primeira menstruação da protagonista. Mais tarde, King escreveu: "Quando cheguei nessa parte [...], percebi de repente que: 1) eu nunca tinha sido uma menina, 2) nunca tivera um [...] período menstrual, 3) eu não tinha a mínima ideia de como reagiria a isso". Diante do problema, seu instinto lhe dizia para desistir da história, mas sua esposa, Tabitha, o persuadiu a continuar. Ele seguiu o conselho dela, até porque, como lembrou décadas mais tarde, "eu estava sem nenhuma ideia melhor". Ampliado até se tornar um manuscrito do tamanho de um romance, *Carrie, a estranha* fez King ganhar um contrato com a editora Doubleday, e apareceu nas prateleiras de livrarias dos Estados Unidos em 5 de abril de 1974. A história de uma adolescente alienada, intimidada na escola, que se vinga de seus algozes depois que descobre (ou redescobre) ter poderes telecinéticos provou ser um *best-seller* em sua edição brochura e uma obra fundamental no gênero da literatura de terror. Nas palavras do escritor e crítico Jeff VanderMeer, "Carrie mudou o paradigma ao anunciar uma forma de terror bem estadunidense que rompeu com o passado".

King pôde abrir mão de seu emprego como professor e trabalhar em tempo integral como escritor. E assim lançou uma carreira que o fez se tornar um dos autores de maior sucesso comercial dos últimos cinquenta anos. Seus livros venderam milhões de exemplares. Dúzias de filmes foram feitos a partir de suas obras. A versão cinematográfica de Brian De Palma para *Carrie, a estranha*, lançada em 1976 e com Sissy Spacek como a personagem-título, foi um triunfo de bilheteria, custou menos de 2 milhões de dólares para ser feita e arrecadou 33 milhões só na América do Norte. A obra tem sido aclamada regularmente como um dos melhores filmes de terror de todos os tempos. Uma refilmagem, menos aclamada universalmente, estreou em 2013. Ainda que a história não sugira de imediato o potencial para se transformar em musical, também foi adaptada para esse gênero. Talvez já fosse esperado que o espetáculo não tivesse sido um sucesso em sua produção original na Broadway, em 1988 (saiu de cartaz após apenas cinco apresentações), mas foi remontado várias vezes neste século. *Carrie, a estranha* foi a estreia de Stephen King, e se a Doubleday não tivesse visto seu potencial e concordado em publicar os trabalhos dele, o mundo talvez jamais tivesse visto as obras-primas de terror que vieram depois, como *A hora do vampiro* e *O iluminado*.

Nick Rennison

ManchEster UniteD é rebaixAdo

Hoje o Manchester United é um dos nomes mais famosos no mundo do futebol. Apesar de tribulações recentes, continua sendo o clube inglês com mais títulos da liga (20). Parece quase inconcebível que o time pudesse ser rebaixado da primeira divisão do futebol inglês, mas foi precisamente o que aconteceu no final da temporada de 1973-74.

O lendário técnico Matt Busby, que montou o time "Busby Babes" e depois o reconstruiu quando muitos dos jogadores morreram em 1958 no desastre aéreo de Munique, se aposentara em 1969. Ele entregou as rédeas do time para Wilf McGuinness, então com 31 anos e técnico da equipe reserva. Um período tumultuado se seguiu. McGuinness acabou sendo demitido, e Busby retornou como técnico interino antes que Frank O'Farrell fosse contratado, em junho de 1971, e assumisse o cargo no início de julho. O'Farrell não teve o êxito do tipo que os fãs do United esperavam, e foi substituído por Tommy Docherty em dezembro de 1972, com o clube perigosamente perto da zona de rebaixamento da primeira divisão, na época o nível máximo do futebol inglês. Docherty conseguiu fazer com que a equipe sobrevivesse, mas o clube estava em declínio. Estrelas já envelhecidas, como Bobby Charlton e Denis Law, deixaram o time. George Best, já firmemente embarcado em sua campanha para destruir o próprio talento e desprezar todos aqueles que o admiravam, estava em desacordo com seu técnico, seus colegas de equipe e às vezes parecia que com o mundo. Os prognósticos para a temporada 1973-74 não eram bons.

Eles começaram razoavelmente bem, mas, entre setembro de 1973 e março de 1974, só conseguiram quatro vitórias em vinte partidas. Durante um breve período em abril, parecia que estavam se recuperando. Eles venceram três jogos seguidos, mas, enquanto a temporada se aproximava do final, continuaram firmes na zona de rebaixamento. O último jogo em casa foi contra os rivais da Maine Road, o Manchester City, em 27 de abril. O United precisava de pelo menos um empate para continuar com alguma chance de permanecer na primeira divisão. O jogo se aproximava dos dez minutos finais, e ainda estava zero a zero. Mas aos 81 minutos da partida, o City assumiu a liderança quando um de seus atacantes acertou a bola na rede. Por uma terrível ironia, o autor do gol foi Denis Law, uma das estrelas do United em seus anos de glória não tão distantes, que havia chegado ao City com custo zero no início da temporada. Law não comemorou o gol. Ele simplesmente ficou parado, nas palavras do jornalista esportivo David Goldblatt, "com os braços ao lado do corpo, rígidos e sem emoção", enquanto era "assediado por seus novos colegas de equipe". A reação dos fãs foi mais dramática. Uma série de invasões no campo obrigou o juiz a encerrar a partida aos 85 minutos, embora a Associação de Futebol da Inglaterra mais tarde tenha deliberado e decidido que o resultado, um a zero para o City, permanecia válido. Costuma-se dizer que a vitória do City foi o que mandou os rivais para a segunda divisão. De uma forma simbólica, isso é verdade, mas se os outros times da zona de rebaixamento, o Birmingham City e o West Ham, não tivessem derrotado o Norwich e empatado com o Liverpool, respectivamente, o United poderia ter escapado de seu destino. Mas, com esses dois resultados, o United não tinha mais esperança de alcançar os times acima dele na tabela, não importava o resultado da partida final. E, mesmo então, eles perderam de um a zero para o Stoke City.

Havia apenas seis anos que eles tinham conquistado a Copa da Europa, agora Champions League, derrotando o Benfica por quatro a um e se tornando a primeira equipe inglesa a fazer isso, mas o United estava fadado a jogar a temporada seguinte na segunda divisão. Apesar do rebaixamento, o clube manteve a fé em Tommy Docherty como técnico, e ele pagou a confiança fazendo o United retornar à primeira divisão na temporada seguinte. E eles permaneceram aí desde então.

Maio

Forças Especiais
Pelé
Copa do Mundo
Manchester City
Duke Ellington
Metamorfose
Lions
British
Democrática
Rúgbi
Índia
Buda
Jazz
Legge
Itália
Futebol
ONU
Fortuna
Frente Popular
lei
George Orwell

Sir Alf Ramsey, que levou seu time à vitória na Copa do Mundo de 1966, é demitido do cargo de técnico da seleção inglesa. Os italianos são convidados a votar em um referendo sobre o controverso tema do divórcio. O lendário líder de banda estadunidense, Duke Ellington, morre em Nova York. David Bowie lança seu álbum *Diamond Dogs*. Em Israel, três terroristas palestinos matam 25 reféns, muitos deles crianças, na cidade de Ma'alot. A Índia testa uma arma nuclear. Na África do Sul, a equipe de rúgbi British Lions começa o que será uma turnê invicta pelo país.

A demissão de Alf Ramsey

Em 1974, Sir Alf Ramsey tinha muito crédito como técnico da seleção inglesa de futebol. Afinal, ele levara a equipe à vitória na Copa do Mundo de 1966, um feito que ninguém fora capaz de repetir nas décadas seguintes. Também foi o técnico dos então atuais campeões na Copa do Mundo de 1970, no México, e, ainda que tenha perdido por três a dois para a Alemanha Ocidental nas quartas de final (depois de liderar a partida com dois a zero em determinado momento), o time não fez feio. Na verdade, jogaram muito bem, em especial na estreita derrota de um a zero para o Brasil de Pelé, muitas vezes considerado o melhor time internacional de todos os tempos.

No entanto, em 1973, todo esse crédito já estava acabando. Uma derrota de dois a zero para a Polônia em junho, nas eliminatórias para a Copa do Mundo, foi um ponto particularmente baixo. Quando o jogo de volta foi realizado, no Estádio de Wembley, em 17 de outubro, a Inglaterra precisava de uma vitória para poder participar da Copa do Mundo que ocorreria na Alemanha Ocidental no ano seguinte. Apesar dos recentes contratempos, parecia bem provável que conseguissem. Antes da partida, o antigo técnico do Derby County e prolixo comentarista de TV, Brian Clough, assegurou aos telespectadores que o goleiro polonês, Jan Tomaszewski, era um "palhaço". O "palhaço" conseguiu jogar a partida de sua vida, defendendo chute após chute destinado ao fundo de sua rede. O placar final foi de um a um. A Inglaterra, sob o comando de Sir

Alf Ramsey, não conseguira se classificar. Nas palavras de um jornalista, eles tinham sido "relegados a um lugar entre as potências de segunda classe do futebol".

Como resultado daquela noite em Wembley, Ramsey estava condenado à demissão. O único debate era sobre o momento. A verdade era que Ramsey parecia um homem fora de seu tempo. (Para ser justo, ele parecia um homem fora de seu tempo até mesmo na década de 1960, época de seus maiores triunfos. Os anos 1950, quando ele ainda jogava pela Inglaterra como lateral direito, pareciam ser a época à qual ele era mais adequado.) Ele era um indivíduo profundamente conservador e reservado, com pouco senso de humor perceptível e um jeito levemente pomposo e forçado de se expressar. (Na tentativa de se aperfeiçoar, ele fizera aulas de dicção que, nas palavras de um obituário, "deixaram suas vogais presas a meio caminho de Mayfair".) Poucas coisas revelam o fosso crescente entre o convencional Ramsey e os jogadores mais irreverentes da década de 1970 do que uma história frequentemente repetida e possivelmente apócrifa de seu diálogo com Rodney Marsh. Ramsey advertira o volátil atacante, antes de uma partida, de que ele precisava melhorar seu ritmo de trabalho. "Se você não fizer isso", disse ele, "vou tirar você no intervalo". "Meu Deus", dizem que Marsh respondeu, "no Manchester City, tudo o que ganhamos no intervalo é uma xícara de chá e uma laranja".

Ainda que a decisão de demiti-lo tenha sido tomada semanas antes, e Ramsey tivesse sido avisado na época, o anúncio para o público foi postergado até 1º de maio de 1974. Ele deixou a seleção inglesa depois de 113 partidas, das quais venceu 69 e perdeu 17. A demissão foi uma experiência profundamente traumática para ele. "Foi a meia hora mais devastadora da minha vida", disse ele certa vez. "Eu estava parado em uma sala quase cheia de homens do comitê me olhando fixamente. Era como se eu estivesse em um julgamento. Pensei que seria mandado para a forca." Seu substituto interino foi Joe Mercer, antigo técnico do Manchester City. Mercer não gostou muito da tarefa que lhe foi dada. Segundo alguns relatos, suas primeiras palavras para a equipe da Inglaterra foram: "Para começar, eu não queria este maldito trabalho". O maldito trabalho acabou indo de forma mais permanente para Don Revie, técnico do Leeds United, que recebeu a oferta de um salário duas vezes maior do que o de Sir Alf. Revie durou três anos, treinando a equipe nacional por 29 partidas sem nenhum sucesso notável, antes de tomar a controversa decisão de abandonar seu posto por um emprego mais bem pago como técnico dos Emirados Árabes Unidos.

Exceto por um breve período, sem grande sucesso, no comando do Birmingham City em 1977-78, e um ano na Grécia como diretor técnico do clube ateniense Panathinaikos, ser demitido da seleção inglesa representou o fim da carreira de Ramsey como técnico. Mais de duas décadas depois de sua morte, em 1999, ele continua sendo o maior técnico da Inglaterra. Sua demissão, ainda que justificada no retrospecto, não é bem-vista. Como Alan Ball, um dos meio-campistas da equipe campeã da Copa do Mundo, disse mais tarde em uma hipérbole perdoável, o tratamento dado a Sir Alf foi "a coisa mais inconcebível que aconteceu no futebol inglês". O homem que levara seu time à vitória na Copa do Mundo foi expulso, sem nenhuma cerimônia, do trabalho que exerceu durante onze anos, com um mísero pagamento de 8 mil libras e uma pensão anual de pouco mais de mil.

O refErendo sobrE o divórcio nA Itália

No que ainda era uma sociedade predominantemente católica, o divórcio foi um assunto controverso na Itália e se tornou uma das questões mais prementes e polêmicas no final dos anos 1960 e início da década de 1970. O direito do Estado de permitir que um casamento fosse dissolvido foi proposto pela primeira vez por um político socialista, Loris Fortuna, em 1965, e foi recebido com urros de indignação e consternação dos tradicionalistas. No entanto, a história estava contra eles, e Fortuna conquistou apoio crescente ao longo dos anos seguintes. Em novembro de 1969, o parlamento italiano votou, com um placar de 325 a 283, a favor do divórcio sancionado pelo estado, e a então chamada *Legge Fortuna* se tornou lei em dezembro do ano seguinte. Era a primeira vez que se permitia o divórcio desde que o país fora unificado. (O divórcio fora brevemente permitido em partes da Itália durante o governo de Napoleão.)

A *Legge Fortuna* permaneceu altamente controversa, e campanhas para que fosse revogada atraíram apoio significativo. Assinaturas foram reunidas em uma petição para acabar com a lei e, em seis meses, 1 milhão de pessoas já tinham colocado seu nome nela. A constituição italiana definia que só meio milhão de assinaturas era necessário para fazer com que o governo organizasse um referendo sobre a possível revogação da lei. Então, nos dias 12 e 13 de maio de 1974, foi feita uma votação para descobrir o que a maioria dos italianos queria. A questão feita era se a pessoa queria ou não que a lei fosse revogada. Se alguém votasse "sim", estaria votando pelo retorno do tempo em que o divórcio era ilegal; se votasse "não", estaria votando para que a lei permanecesse e o divórcio fosse legalizado.

O Papa Paulo VI manteve um silêncio oficial sobre o assunto, embora já tivesse expressado seu "profundo pesar" quando a lei do divórcio fora aprovada originalmente e deixado bem claro, ao exortar a multidão reunida na Praça de São Pedro no primeiro dia do referendo para rezar à Virgem Maria "pelo bem-estar das famílias", como acreditava que os católicos deviam votar. O político de direita, Amintore Fanfani, ex e futuro primeiro-ministro, já tentara obter capital político com a questão, lançando uma cruzada contra a legalização do divórcio. Em determinado momento, ele afirmou que permitir esse tipo de coisa era o primeiro passo rumo à anarquia sexual, e que, antes que os italianos percebessem, seriam permitidas coisas como o casamento homossexual.

A participação da Itália no Festival Eurovisão da Canção de 1974 era, infelizmente, com uma música intitulada "Si", palavra italiana para "sim". Ainda que a canção de Gigliola Cinquetti não tivesse relação alguma com o referendo, e a competição acontecesse um mês antes de as pessoas irem votar, a RAI, canal estatal da TV italiana, decidiu não transmitir o Festival Eurovisão, para o caso de alguns espectadores serem influenciados de forma inconsciente por uma encantadora jovem cantando a palavra "si" repetidas vezes. Então, a maioria dos italianos não puderam ver Gigliola ficar em segundo lugar na competição vencida por um grupo sueco chamado Abba (ver p. 79).

O debate gerou sentimentos fortes dos dois lados, um fato que se refletiu no alto comparecimento nos dois dias do referendo. Mais de 85% das pessoas elegíveis para votar assim o fizeram. O resultado foi uma vitória retumbante para aqueles que queriam manter o novo direito ao divórcio: 59,26% votaram "não"; 40,74% votaram "sim".

Morre Duke Ellington

Um dos maiores compositores de jazz morreu em Nova York de câncer de pulmão e pneumonia em 24 de maio de 1974, um mês após seu 75º aniversário. Edward Kennedy Ellington nasceu em Washington D.C. em 1899. Teve uma confortável educação de classe média, na qual seu interesse precoce por música e em tocar piano foi encorajado. Na adolescência, sua elegância e bom gosto em se vestir fizeram com que seus amigos o chamassem de "Duke", e o apelido permaneceu pelo resto de sua vida. Ele montou sua primeira banda, The Duke's Serenaders, nessa época, e em 1923 já estava tocando em estabelecimentos de Nova York. Quatro anos mais tarde, seu grupo se tornou banda da casa do lendário Cotton Club, no Harlem. Ele começou a gravar quase no mesmo período, incluindo músicas como "East St. Louis Toodle-Oo" e "Creole Love Call", suas primeiras composições próprias, escritas em parceria com o trompetista Bubber Miley. Em 1930, ele escreveu o que se tornaria uma de suas músicas mais famosas, "Mood Indigo".

Dessa época até os últimos anos de sua vida, ele criou milhares de músicas, suítes e outras peças musicais. A música tema de sua banda, "Take the A Train", foi escrita por Billy Strayhorn, o homem que se tornou seu parceiro mais frequente. ("Strayhorn faz grande parte do trabalho, mas eu que recebo os aplausos!", Ellington brincou certa vez.) Outros grandes nomes na história do jazz, desde os saxofonistas Johnny Hodges e Ben Webster ao clarinetista Barney Bigard e ao trompetista Ray Nance, tocaram com a banda de Ellington. Suas aspirações para a música ficaram ainda maiores. *Black, Brown and Beige*, lançada no Carnegie Hall em 1943, foi apresentada por Ellington como "um paralelo à história dos negros na América" e foi seguida por peças longas e complexas, como *Such Sweet Thunder*, de 1957, baseada em temas de Shakespeare, e *Far East Suite*, de 1967. Na última década de sua vida, Ellington também compôs uma série de obras religiosas.

Seu funeral, na Catedral de São João, o Divino, teve a presença de aproximadamente 10 mil pessoas que se amontoaram dentro do edifício, e mais 2500 que ficaram do lado fora e ouviram à cerimônia pelo alto-falante na entrada da Amsterdam Avenue. Repetindo as palavras que o líder de banda frequentemente usava para falar de si mesmo no final de seus concertos, o reverendo Norman O'Connor, amigo de longa data do compositor, disse: "Duke, nós agradecemos você. Você nos amou loucamente. Nós o amaremos loucamente hoje, amanhã e para sempre". Ellington foi enterrado no cemitério

1974 | Maio

Woodlawn, no Bronx, perto do túmulo de seus pais. "Meus homens e minha raça são a inspiração para meu trabalho", disse ele certa vez. "Tento captar o espírito e o sentimento do meu povo."

David Bowie lança *Diamond Dogs*

Com sua aparência andrógina e a teatralidade deliberada de sua música e persona no palco, David Bowie foi uma das figuras culturais icônicas da década de 1970. Com os álbuns *The Rise and Fall of Ziggy Stardust and the Spiders from Mars* (1972) e *Aladdin Sane* (1973), ele criou e cultivou seu alter ego Ziggy Stardust. Em 1974, Bowie, incansavelmente imaginativo e obcecado por mudanças de forma e metamorfose, queria ir além do personagem Ziggy. Havia tempos que ele estava intrigado com o livro *1984*, de George Orwell. Bowie até tinha esperanças de adaptar o livro para o palco, mas o espólio de Orwell não liberava os direitos, e ele foi obrigado a desistir da ideia. Entretanto, ele não se esqueceu de sua fascinação com a ideia de um futuro distópico tal como Orwell imaginara, e isso se refletiu em seu álbum de 1974, *Diamond Dogs*, lançado pela RCA no Reino Unido em 24 de maio, e que alcançou o primeiro lugar nas paradas de sucesso do país. Com a capa criada pelo artista belga Guy Peellaert, mostrando Bowie como metade homem, metade cão, o álbum era visualmente distinto e musicalmente abrangente. A música mais conhecida do disco é "Rebel Rebel", que fora lançada um pouco antes naquele mesmo ano e que, no mínimo, parece um adeus aos seus dias de *glam rock,* mas outra música do álbum, "1984", fora criada originalmente para o musical baseado no romance de Orwell, que ele tinha desejado montar. A faixa-título introduz uma nova adição ao repertório de alter egos de Bowie: Halloween Jack, que vive no último andar de um arranha-céu abandonado em uma versão pós-apocalíptica de Nova York.

Em busca de uma visão para *Diamond Dogs*, Bowie se livrou de muitas pessoas que contribuíram para o som de seus álbuns anteriores. Foi-se o produtor Ken Scott. Também ausente estava seu grupo de apoio, os *Spiders from Mars*, incluindo, principalmente, o muito admirado guitarrista Mick Ronson. Nem todo mundo gostou do novo álbum no lançamento. Na *Rolling Stone*, Ken Emerson disse que era "talvez a pior obra de Bowie em seis anos", e afirmou que ele "barateou deliberadamente a si mesmo e à sua música". Como outros comentaristas, Emerson sentia falta da presença de Mick Ronson. Por que Bowie resolveu assumir ele mesmo o papel de guitarrista solo em vez de Ronson? Era, segundo Emerson, "como se Mick Jagger assumisse o lugar de Keith Richards".

No entanto, com o passar dos anos, o status de uma obra que um comentarista cultural descreveu como "proto-punk maravilhosamente sombrio" só aumentou. Em uma resenha no *Guardian* sobre a versão de trigésimo aniversário do álbum, Adam Sweeting escreveu: "*Diamond Dogs*, gemendo sob a bagagem conceitual de um cachorro louco do apocalipse, pareceu vagamente insatisfatório em seu lançamento, em 1974, mas emerge nesta edição de disco duplo remodelado como um dos episódios mais interessantes na carreira de Bowie". E David Buckley, um dos biógrafos de Bowie, chamou o disco de "cinematográfico na amplitude, audacioso a ponto de tirar o fôlego na execução".

A Índia tESta uma arMA nUclear

Com o inócuo codinome de "Operação Buda Sorridente", o primeiro teste bem-sucedido de detonação de uma bomba nuclear na Índia ocorreu em 18 de maio, que, em 1974, era um dia festivo do país, e marcava o aniversário de Buda. Quase dois anos antes, a primeira-ministra do país, Indira Gandhi, autorizara

1974 | Maio

os cientistas do Centro de Pesquisa Atômica Bhabha (CPAB) — que recebeu esse nome em homenagem a Homi Jehangir Bhabha, descrito com frequência como o "pai do programa nuclear indiano" — a prosseguirem com a construção e teste de um dispositivo nuclear. O trabalho seguiu em ritmo acelerado.

Os dois homens mais ativamente engajados na criação do dispositivo foram Raja Ramanna e P. K. Iyengar. Ramanna sucedera Bhabha como diretor do programa nuclear do CPAB, depois da morte prematura deste último em um acidente aéreo em 1966; Iyengar era outro brilhante físico indiano que já trabalhava no CPAB desde a década de 1950. O teste, que a Índia fez questão de garantir várias vezes na época ser apenas para fins pacíficos, ocorreu na Área de Testes de Pokhran, na estepe do Rajastão. Depois de uma detonação subterrânea bem-sucedida, Ramanna fez uma ligação para a primeira-ministra indiana, Indira Gandhi, e lhe disse: "O Buda sorriu".

Esse foi o primeiro teste com armas nucleares feito por um país que não fosse um dos membros permanentes do Conselho de Segurança da ONU (Estados Unidos, União Soviética, Grã-Bretanha, França e China). Dentro da própria Índia, o feito foi recebido com orgulho e alegria por muitos comentaristas, e teve o efeito de reviver a popularidade em queda de Indira Gandhi.

Fora do país, a afirmação de que a explosão de uma bomba nuclear fora feita com intenções inteiramente pacíficas foi recebida com ceticismo. Poucos na comunidade internacional acreditam nisso. Certamente, o Paquistão, que tinha entrado em um conflito militar com a Índia alguns anos antes, não acreditou. Sua resposta imediata à Operação Buda Sorridente foi acelerar seu próprio programa nuclear.

A condenação por parte de muitos na comunidade internacional também veio de maneira rápida. A Índia não realizou mais testes como esse até 1998.

Nick Rennison

O massacre em Ma'Alot

Em um domingo de maio, três membros armados da Frente Popular Democrática (mais tarde conhecida como Frente Democrática para a Libertação da Palestina) cruzaram a fronteira do Líbano com Israel, disfarçados de soldados israelenses. Depois de atacar uma van e matar um de seus passageiros a tiro, seguiram em direção à cidade de Ma'alot, pouco menos de dez quilômetros ao sul da fronteira libanesa. Nas primeiras horas da manhã, eles invadiram uma casa pertencente à família Cohen e mataram a mãe, o pai e uma das crianças. O trio deixou a casa no início do amanhecer e seguiu para a escola primária Netiv Meir, que estava sendo usada como albergue para adolescentes do ensino médio da cidade de Safed, em uma excursão para o norte de Israel. Os três terroristas logo tomaram o controle de todo o edifício, ainda que alguns dos estudantes e vários professores tenham conseguido escapar saltando de uma janela. Os professores foram posteriormente criticados na imprensa e em todos os lugares pelo que pareceu ser abandono de seus alunos, mas eles foram inocentados de qualquer irregularidade após um inquérito. Os fugitivos alertaram as autoridades locais, e Golda Meir, então primeira-ministra do país, logo foi informada do que estava acontecendo. Moshe Dayan, o extravagante ministro da Defesa, voou até Ma'alot para assumir o comando geral da resposta governamental, chegando ali logo depois das sete da manhã.

A essa altura, os terroristas, Hasan al-Atmah, Abdar-Rahim Ka'ik e Muhammad Salim Dardour, todos homens árabes-palestinos na casa dos vinte anos, já tinham feito suas exigências. Eles queriam que mais de vinte membros da FPD fossem libertados imediatamente das prisões israelitas e colocados em um avião para Damasco, juntamente com um cidadão japonês que se envolvera dois anos antes em um massacre no que é hoje o Aeroporto Ben Gurion, em Tel Aviv. Assim que tivessem provas conclusivas de que isso ocorrera, metade dos reféns seria liberta. Os demais seriam soltos depois que os sequestradores tivessem garantida passagem segura para a capital síria. Se as exigências dos terroristas não fossem cumpridas até aquela noite, eles começariam a matar os reféns.

Dayan decidiu fazer uma abordagem dupla da crise. Ele providenciou que o negociador de reféns mais experiente e habilidoso de Israel, Victor Cohen, fosse até Ma'alot e entrasse em contato com os terroristas. Também trabalhou com conselheiros militares para desenhar um plano de ataque ao prédio e neutralizar os atiradores sem causar a morte de nenhum dos reféns. Cohen conseguiu fazer contato, mas as preparações para um possível ataque, que envolvia a chegada de um helicóptero com dezenas de soldados extras, assustou os três terroristas. Nervosos, eles começaram a atirar aleatoriamente pelas janelas. Um dos tiros atingiu e matou um soldado que não fazia nada mais do que observar a ação à distância.

Dayan agora estava convencido de que a negociação era inútil e que uma operação militar era necessária, mas Meir relutava em dar sinal verde. Foi só quando as tentativas de vários intermediários, incluindo os embaixadores da França e da Romênia, chegaram a um impasse, que o governo deu a aprovação para o resgate armado. Às 17h45 do dia 15 de maio, apenas quinze minutos antes da hora que os terroristas tinham estipulado para começarem a matar os reféns se suas exigências não fossem atendidas, as forças especiais israelenses invadiram o prédio. No caos, o ataque deu completamente errado. Só teria funcionado se os terroristas fossem mortos quase que imediatamente, e isso não aconteceu. Um deles, Rahim, ainda que ferido no ombro, conseguiu não só direcionar sua metralhadora automática para os reféns reunidos em uma sala de aula, como também jogar uma granada no meio deles. Vinte e cinco morreram, e os outros ficaram gravemente feridos. A arma de Rahim emperrou, e ele foi morto por soldados israelenses. Os outros dois terroristas, que tentaram fugir por uma janela, também foram mortos. O número total de mortos no massacre de Ma'alot foi de 31 israelenses e os três atiradores palestinos. Ao refletir sobre os acontecimentos anos mais tarde, o comandante das forças especiais que realizaram a tentativa de resgate disse: "A operação toda levou trinta, trinta e cinco segundos... Se tivéssemos conseguido nos manter nos dez segundos, quantos mais poderiam ter sido salvos?".

A resposta israelense ao massacre foi imediata e implacável. No dia seguinte, aeronaves foram enviadas para bombardear o que se acreditava serem escritórios e bases de treinamento da FPD. A maioria dos alvos estava situada em campos de refugiados no sul do Líbano. Os ataques mataram pelo menos 27 pessoas, e dezenas mais ficaram feridas.

O British Lions Começa sua turNÊ pela África do Sul

Como já era de esperar, o anúncio de que o British Lions, time de rúgbi britânico, faria uma turnê pela África do Sul no verão de 1974 foi controverso desde o início. Estávamos, é claro, nos anos do Apartheid, e as críticas à decisão de jogar no país eram inevitáveis. Outras equipes esportivas já tinham decidido não visitar a África do Sul. Alguns dos jogadores que provavelmente seriam escolhidos para esta turnê não estavam ansiosos para ir. Dois importantes jogadores galeses, o flanqueador John Taylor e o ala Gerald Davies, informaram que não estariam disponíveis. Taylor fora escolhido para a turnê anterior do Lions pela África do Sul, em 1968, e lamentara profundamente ter ido. Vários anos mais tarde, ele contou que lhe disseram que eles não estavam apoiando o Apartheid, mas construindo pontes. "Assim que cheguei ali, descobri o absurdo que aquilo era. Quando voltei, já sabia que não jogaria com eles novamente." Já Davies disse, mais tarde: "Eu não queria politizar aquilo. Era um sentimento moral e pessoal que eu tinha... Era entre mim e minha consciência, e eu nunca lamentei essa decisão".

Assim que o time chegou à África do Sul, houve muita polêmica dentro e fora de campo. O Lions era capitaneado pelo atacante irlandês Willie John McBride. Ele já participara de turnês no país antes e sabia que as equipes sul-africanas podiam ser fisicamente intimidadoras e que não se privavam de usar táticas como derrubar jogadores que já estavam com a bola e cometer faltas deliberadas para desestabilizar os oponentes. Ele estava determinado a não deixar que seu time fosse intimidado por agressões em campo, que seriam recebidas com retaliações imediatas. Ele criou o código "99", que gritaria se estivessem encrencados. (Originalmente, seria "999", como o número de emergência no Reino Unido, mas McBride achou que era longo demais para gritar.) Ao ouvirem o código, seus companheiros de equipe partiriam para cima do adversário mais próximo.

Em resposta a uma confusão dessas, o árbitro dificilmente conseguiria expulsar o time inteiro, e teria grande dificuldade em identificar um único indivíduo para receber punição. Mais tarde, McBride disse que o código "99" só foi usado uma vez na turnê, o que serviu para mandar a mensagem de que os Lions não seriam intimidados. No entanto, a turnê de 1974 certamente teve alguns episódios de terrível violência em campo. Na terceira partida, o atacante escocês Gordon Brown acertou seu adversário, Johan de Bruyn, com tanta força que o olho de vidro deste saiu voando. O jogo teve que ser interrompido enquanto os jogadores dos dois lados, e o juiz, procuravam o olho perdido. "Depois de um tempo, alguém grita 'Eureca'", Brown relembrou anos mais tarde, "então De Bruyn agarra o olho e o enfia no buraco em seu rosto".

Apesar da agressão e da intimidação que marcaram os jogos, a turnê também seria relembrada pelo rúgbi brilhantemente jogado. Sob o comando de McBride, jogaram figuras lendárias como Gareth

Edwards, Phil Bennett, J. P. R. Williams e Mike Gibson, e o Lions de 1974 é descrito com frequência como o melhor time britânico de rúgbi a fazer uma turnê pelo exterior. Eles venceram 21 dos 22 jogos disputados, e só empataram a última das quatro partidas disputadas contra os Springboks. O jogo de abertura, contra o Western Transvaal, ocorreu na cidade de Potchefstroom, em 15 de maio. Os visitantes terminaram com vitórias fáceis, marcando 59 pontos contra os 13 dos oponentes.

Conforme as partidas prosseguiam, com poucos dias separando um jogo do outro ao longo dos meses de maio, junho e julho, a turnê acabou se tornando uma espécie de marcha triunfal através da África do Sul. As vitórias vinham jogo após jogo, algumas com margens imensas. (Eles derrotaram o South West Districts por 97 a zero, e venceram os Griqualand West por 69 pontos, contra 16.) A primeira partida contra o time internacional da África do Sul, os Springboks, foi uma disputa muito mais acirrada, terminando com 12 a 13 para os visitantes, mas as segunda e terceira partidas garantiram vitórias bem confortáveis para os Lions, sendo elas, respectivamente, 28 a 9 e 26 a 9.

O último jogo da turnê, a quarta partida contra a África do Sul, foi disputada em Joanesburgo, em 27 de julho. Os Springboks estavam desesperados para salvar algo da turnê e evitar uma lavada de quatro a zero. O jogador de abertura Jackie Snyman deu ao time a liderança de cobrar um pênalti depois de cinco minutos, mas o Lions respondeu com um *try*[3] do atacante Roger Uttley, convertido por Phil Bennett. Outro pênalti cobrado por Snyman empatou o jogo, mas o *try* de Andy Irvine colocou os Lions na liderança por 10 a 6, antes do intervalo. No segundo tempo, Peter Cronjé fez um *try*

---

3   *Try*, ou ensaio, é uma jogada para marcar pontos. Consiste em encostar a bola no chão do território adversário, na área do gol, sem deixar que ela caia. (N. T.)

que empatou o placar. Um terceiro pênalti de Snyman colocou os Springboks na liderança, mas o placar foi igualado com um pênalti cobrado por Irvine. Com o placar de 13 a 13, e o Lions pressionando por um *try* que garantiria a vitória, o flanqueador irlandês Tony Slattery irrompeu pela desesperada defesa sul-africana, e pareceu ter marcado. Até os Springboks presumiram isso. O juiz, no entanto, decidiu que ele não havia apoiado a bola corretamente no chão. Enquanto os Lions continuavam o ataque, ainda faltando quatro minutos para terminar, o juiz decidiu apitar e encerrar a partida prematuramente.

Dizem que o juiz, que era sul-africano, falou para alguns jogadores do Lions que se aproximaram e reclamaram com ele depois do jogo: "Olhe, rapazes, eu tenho que viver aqui".

Junho

Grã-Bretanha
Frente Nacional
Henry Heimlich
Direitos Humanos
Tiro
Prisão Perpétua
Código Neo Fascista
Código Universal de Produto
Guerra do Vietnã
Martin Luther King
Código de barras
Londres
Casas do Parlamento
Manifestantes
Tragédia
Streaking
Nudez
Fumaça
Esquadrão Antibombas

A maior exposição na Grã-Bretanha em épocas de paz destrói uma fábrica de produtos químicos em Lincolnshire. Uma bomba é detonada nas Casas do Parlamento. Uma técnica de primeiros socorros que supostamente seria revolucionária é anunciada, e uma nova era no varejo começa. A nudez em público está em alta, já que o "streaking" se torna um passatempo popular. Confrontos entre a polícia e manifestantes em Londres terminam com a morte de um jovem estudante. Um bailarino soviético deserta e foge para o Ocidente. A mãe de Martin Luther King é morta com um tiro na igreja, em Atlanta, na Georgia.

O desastrE de FlixboROugH

Um pouco antes das cinco horas da tarde do sábado, 1º de junho, houve uma explosão colossal na fábrica de produtos químicos Nypro, perto do vilarejo de Flixborough, em Lincolnshire, no Reino Unido. Vinte e oito pessoas foram mortas, 18 só na sala de controle da instalação, quando as janelas explodiram e o telhado despencou. Várias outras ficaram feridas. Com certeza, as mortes teriam sido significativamente piores se a explosão tivesse acontecido em um dia de semana, quando a maioria da força de trabalho estaria presente, em vez de em um sábado, quando só alguns poucos azarados se encontravam no local.

Na época, foi considerada a maior explosão ocorrida na Grã-Bretanha em épocas de paz, superada apenas 31 anos depois, pela do depósito de petróleo da Buncefield, em Hertfordshire. Várias propriedades, tanto em Flixborough quanto em outros vilarejos vizinhos, foram danificadas, e o som pôde ser ouvido em Grimsby, a quase cinquenta quilômetros de distância. Os incêndios resultantes continuaram a arder durante mais de uma semana depois da explosão original.

A planta industrial em Flixborough produzia caprolactama, um produto químico envolvido na produção de náilon. Várias semanas antes da explosão, uma rachadura foi encontrada em um dos reatores no local, e um tubo foi instalado para que a área do potencial vazamento pudesse ser contornada. Com isso, a produção continuou. Durante a tarde de 1º de junho, esse tubo temporário rompeu, e grandes quantidades de uma substância altamente inflamável chamada ciclohexano foram liberadas. Imagina-se que foi isso o que causou a explosão catastrófica. Um dos funcionários que estava no local, mas sobreviveu, relatou sua experiência: "Senti o impacto de uma explosão terrível que ocorreu em algum lugar atrás de mim", disse ele. "O impacto foi tamanho que me jogou de corpo inteiro do outro lado da estrada. Então os detritos começaram a cair ao meu redor, e eu fiquei coberto com o óleo que caía do céu."

Um repórter do *Hull Daily Mail*, que estava presente no local, se lembrou do que viu no vilarejo de Flixborough às cinco da manhã do dia seguinte ao desastre. "Casa após casa estava devastada, telhados arrancados, tijolos e telhas largados nos jardins [...]. Refeições meio comidas cobertas de estilhaços de vidro estavam largadas sobre as mesas, espreguiçadeiras espalhadas pelos quintais, bicicletas infantis abandonadas no meio-fio. Acima de tudo isso, uma coluna de fumaça de um quilômetro ainda se erguia com os incêndios em meio aos destroços retorcidos do que fora a planta de produção da Nypro."

Um inquérito, presidido por um conselheiro jurídico indicado pela rainha, durou setenta dias entre setembro de 1974 e fevereiro de 1975, para examinar as causas do desastre e identificar lições que podiam ser aprendidas com ele. Com base nos depoimentos de mais de 150 testemunhas, o inquérito chamou a atenção para as falhas que cercaram a instalação do tubo de desvio e para uma série de outros fatores que se combinaram para criar as circunstâncias nas quais a tragédia pôde ocorrer.

O debate sobre a natureza exata dos acontecimentos que levaram à explosão continua até os dias de hoje, mas uma consequência positiva foi a conscientização crescente de que as regulações de segurança que cercam processos industriais como os de Flixborough precisam ser muito mais rigorosas.

Explosão nas Casas do Parlamento

Um pouco antes das 8h30 da manhã de 17 de junho, uma bomba explodiu em um canto de Westminster Hall, a parte mais antiga do Palácio de Westminster, datada de 1097, reinado de Guilherme II. Um telefonema de aviso para a Associação de Imprensa forneceu um código que se sabia ser usado pelo IRA, mas a mensagem foi recebida apenas seis minutos antes que a bomba explodisse. O político David Steel, líder da bancada liberal à época, estava perto do edifício na hora. "Eu olhei para o Westminster Hall e todo o salão estava repleto de pó", ele contou para a BBC. "Alguns minutos mais tarde, dava para ver as chamas saindo pelas janelas." A bomba havia danificado uma tubulação de gás, que pegou fogo. Os bombeiros lutaram para controlar o incêndio resultante durante toda a manhã. Onze pessoas ficaram feridas, e um anexo com escritórios foi destruído. Felizmente, nenhum dos ferimentos foi fatal, e o salão em si sofreu apenas danos superficiais. O espetacular telhado estilo *hammerbeam*, construído no reinado de Ricardo II, escapou intacto. No entanto, como um jornalista do *Times* notou, a bomba atingiu o coração do *establishment* britânico, e "poderia haver poucas formas mais dramáticas de simbolizar a rebeldia contra o espírito ordeiro do governo, representado pelo parlamento". A bomba revelou o que agora parece ser uma notável falha de segurança na propriedade parlamentar. Como o deputado do Partido Trabalhista Tam Dalyell mais tarde admitiu: "Naquela época, ninguém esperava que a Casa dos Comuns pudesse ser um alvo".

No mês seguinte ocorreu um ataque a outro símbolo óbvio do poder britânico, quando uma bomba contendo quase cinco quilos de explosivos disparou na Torre de Londres. Desta vez, nenhum aviso foi dado. Ela fora colocada no arsenal da Torre Branca, posicionada perto da carruagem de madeira de um canhão de bronze do século XVIII, que foi lançada ao ar. Cerca de cinquenta visitantes,

Nick Rennison

muitos deles turistas alemães e escandinavos, estavam no aposento quando aconteceu. Um homem que estava parado do lado de fora da Torre Branca ouviu "uma tremenda explosão, então nada, e então várias crianças gritando". O chefe do esquadrão antibombas da Scotland Yard relatou que "foi um ataque indiscriminado", e que fora "projetado para criar o máximo de problemas e ferimentos possível". A explosão matou Dorothy Household, uma bibliotecária de Lewisham, e feriu dezenas de outras pessoas, incluindo crianças. Alguns perderam membros, e o pé de uma criança foi encontrado embaixo do canhão de bronze. Embora ninguém reivindicasse a responsabilidade pela bomba, sempre se presumiu que foi outro episódio sangrento da campanha do IRA Provisório na ilha da Grã-Bretanha.

A manobra de Heimlich é descrita pela primeira vez

Um artigo publicado na edição de 1º de junho na revista *Emergency Medicine* introduziu um novo termo ao vocabulário dos primeiros socorros de emergência. Foi escrito pelo cirurgião estadunidense Henry Heimlich, e tinha o chamativo título de *O estouro do café coronário*. "Café coronário" é um termo informal aplicado a um incidente em que um indivíduo, em geral em um café, restaurante ou à mesa de jantar, começa a engasgar, seu rosto fica azulado e, no pior dos casos, ele morre em minutos. Para um observador, a pessoa pode parecer estar sofrendo um ataque cardíaco. Na verdade, a comida ficou presa em suas vias aéreas e ela não consegue respirar.

Segundo Heimlich, em seu artigo de 1974, cerca de 4 mil pessoas morriam dessa maneira a cada ano nos Estados Unidos. No entanto, a ajuda estava ao alcance da mão, porque ele, Henry Heimlich, desenvolvera um método brilhante para desalojar qualquer

1974 | Junho

alimento que estivesse preso. Tudo o que deviam fazer, diante de alguém engasgado dessa forma, era ficar em pé atrás da pessoa e envolver os dois braços ao redor de seu corpo, "logo abaixo da linha da cintura". Então, nas palavras do próprio Heimlich: "o socorrista pressiona rapidamente e com força o abdômen da vítima, forçando o diafragma para cima, comprimindo os pulmões e expelindo o bolo alimentar obstrutivo". Esse procedimento veio a ser popularmente conhecido como "Manobra de Heimlich". Alarmantemente, os experimentos iniciais de Heimlich para testar sua teoria foram feitos com quatro cães da raça beagle, em vez de serem realizados em seres humanos. (As dificuldades éticas para realizar testes em humanos são óbvias, ainda que, se tivessem tido alguma escolha, os beagles provavelmente teriam feito objeções aos engasgos repetidos que foram infligidos neles em nome da ciência médica.)

A manobra gerou controvérsias desde o início, e muitos médicos se recusaram a reconhecer seu mérito. De fato, alguns argumentavam que, em comparação com os métodos previamente testados e aprovados, tais como bater vigorosamente nas costas da pessoa engasgada a fim de deslocar o alimento, a manobra de Heimlich poderia ser perigosa. No entanto, Heimlich provou ser um brilhante defensor de suas ideias, aparecendo em programas de entrevistas na TV para demonstrar a técnica e aproveitando todas as oportunidades para elogiá-la. Ele logo se tornou uma subcelebridade, e a manobra de Heimlich foi parar nas manchetes dos Estados Unidos e ao redor do mundo.

Muitas pessoas foram persuadidas por seus argumentos, e outras muitas permaneceram profundamente céticas em relação às suas afirmações. "Não há nenhum tipo de ciência aqui", argumentou um de seus críticos. "Heimlich deixou a ciência de lado ao longo de todo o caminho com suas táticas astutas e intimidação, e todo mundo… cedeu." Mesmo um dos filhos de Heimlich, Peter, se tornou um crítico feroz da manobra. Afastado permanentemente do pai, a quem chamava de "um vigarista espetacular e mentiroso em série",

Nick Rennison

ele declarava abertamente que "a única coisa que meu pai inventou foi sua própria mitologia". Mais de quarenta anos após a publicação do controverso artigo, já com 96 anos e morando em uma casa de repouso em Cincinnati, Heimlich relatou que tinha salvado a vida de um amigo residente, usando sua técnica para impedi-lo de se engasgar com um hambúrguer. Dúvidas foram lançadas sobre a veracidade disso, assim como sobre muitas outras das afirmações de Heimlich.

O código de barras nas compras

Um evento ocorrido em uma filial dos supermercados Marsh na cidade de Troy, em Ohio (EUA), no dia 26 de junho, anunciou uma nova era nas compras. Um minuto após as oito da manhã, um cliente se aproximou do caixa com um carrinho. A funcionária do caixa, Sharon Buchanan, recebeu um pacote de dez chicletes Juicy Fruit, da marca Wrigley's, e o escaneou. A caixa registradora marcou 67 centavos. Esse foi o primeiro uso de um código de barras na história do varejo. Em grande parte, foi um evento encenado. O "cliente" era Clyde Dawson, chefe de pesquisa e desenvolvimento da cadeia de supermercados, e ele escolhera deliberadamente o pacote de chicletes por um motivo. Críticos afirmavam que seria impossível imprimir o código em algo tão pequeno quanto uma embalagem de chiclete. Dawson, a Wrigley's e todos os defensores do futuro do código de barras queriam provar que essas alegações estavam erradas.

Sharon Buchanan chegara para trabalhar naquela manhã sem saber que estava prestes a participar de um momento histórico do varejo. Mas percebeu que havia muito mais gente reunida ao redor dos caixas do que era esperado. Depois, ela descobriu que eram os engenheiros que haviam passado a noite ocupados com a instalação do escâner do código de barras em seu caixa e com os testes para garantir que tudo funcionaria. Sharon recebeu um breve treinamento antes que Clyde Dawson se aproximasse com seu carrinho e seu chiclete de frutas. Tudo acabou em questão de minutos, mas ela tinha uma história para contar pelo resto da vida. "Foram meus quinze minutos de fama", disse ela mais tarde.

O código de barras fora inventado décadas antes por um homem chamado Joseph Woodland, que testou suas ideias pela primeira vez desenhando-as na areia de uma praia da Flórida. Ele conseguiu uma patente por sua invenção em 1952, mas não foi capaz de encontrar meios para torná-la comercialmente viável. Acabou vendendo-a pela soma irrisória de 15 mil dólares. Tentativas de refinar e aprimorar a tecnologia para que ela pudesse ser usada no varejo continuaram durante décadas, sem sucesso. Companhias gigantes como a RCA, que comprara a patente de Woodland, e a IBM, que agora empregava o próprio Woodland, competiam pelo Santo Graal de um código de barras de leitura fácil. Foi só após o desenvolvimento do Código Universal de Produto (UPC, na sigla em inglês para *Universal Product Code*) que a IBM fez a descoberta que levou à compra histórica no supermercado Marsh, em Troy, Ohio. Clyde Dawson morreu em 2014; Sharon Buchanan em 2017; o pacote de chiclete de frutas que proporcionou aos dois aquele breve momento sob os holofotes da história agora faz parte da coleção do Museu Nacional de História Americana, parte do Instituto Smithsonian. Já os códigos de barra estão por toda parte.

"The Streak", de Ray Stevens, Alcança o 1º lugar das paradas de sucesso no Reino Unido

Uma inovadora canção cômica do cantor country Ray Stevens alcançou o topo das paradas de sucesso no Reino Unido em 11 de junho, permanecendo ali somente por uma semana. Era intitulada "The Streak", e se inspirava na recente moda de "streaking" — correr nu — em lugares públicos. A letra descrevia o ato:

Oh yes, They call him the Streak
He likes to show off his physique
If there's an audience to be found
He'll be streakin' around
Invitin' public critique[4]

Durante a canção, dá para ouvir um repórter falando sobre as aparições do Streak e pedindo a opinião de um espectador, que está mais preocupado com que sua esposa não fique chocada com a cena ("Não olhe, Ethel"). Para a surpresa de ninguém, Ethel não só olha como, mais para o final da canção, tira a própria roupa e se junta a Streak.

É claro que nudez em público já tinha sido registrada no passado. Em 1667, Samuel Pepys já tinha descrito um homem que caminhava nu por Westminster Hall, "apenas muito civilizadamente com as partes íntimas cobertas para evitar escândalo". O homem era um quaker chamado Solomon Eagle, e seu impulso de se despir era de origem religiosa. Os *streakers* da década de 1970 eram em geral motivados por um senso de diversão, pela bebida, pela necessidade de ganhar uma aposta ou pelo desejo de conquistar quinze minutos de fama.

O termo "streaking" fora usado nos anos 1960, e estudantes universitários nos Estados Unidos o adotaram em 1973. Em março do ano seguinte, mais de mil e quinhentos alunos da Universidade da Georgia resolveram sair correndo juntos e sem roupas pelo campus, na cidade de Athens. No mês seguinte, um *streaker* apareceu, nu e fazendo o sinal de paz com dois dedos, na cerimônia do Oscar, bem quando David Niven estava prestes a apresentar o

---

[4] "Ah, sim, eles o chamam de Streak/ Ele gosta de exibir seu físico/ Se há expectadores por perto/ Ele vai sair correndo nu por aí/ Incentivando a crítica do público". (N.T.)

prêmio de melhor filme diante de uma audiência ao vivo na TV. Niven era um indivíduo muito sofisticado para se desconcertar diante de um homem nu correndo pelo palco. "Não é fascinante pensar", ele destacou, "que provavelmente o único riso que esse homem vai provocar em sua vida é tirando a roupa e mostrando suas desvantagens?".

Foi também em 1974 que o *streaking* se tornou mania no Reino Unido. Algumas das áreas mais tentadoras nas quais os *streakers* costumavam operar eram as arenas esportivas. O primeiro *streaker* no futebol provavelmente foi John Taylor, um cavalheiro de 44 anos de Newbury, que foi desafiado pelos amigos a se despir e correr nu pelo campo durante a partida do Arsenal versus Manchester City, em 23 de março. Ele o fez, e correu pelo estádio de Highbury até ser preso por três policiais. Não dá para afirmar, mas é possível que bebida tenha sido consumida. Na segunda-feira seguinte, o sr. Taylor compareceu diante de um juiz e foi multado em dez libras por "utilizar de comportamento insultante que provavelmente ocasionaria uma perturbação da paz".

Em 20 de abril, um australiano chamado Michael O'Brien foi assistir a uma partida de rúgbi entre Inglaterra e França, em Twickenham. Bêbado, ele aceitou uma aposta de seus amigos, que duvidavam que ele tirasse a roupa e corresse pela quadra de uma linha lateral à outra. Nu, como veio ao mundo, ele saiu correndo, mas foi perseguido e capturado por dois policiais. Um deles, Bruce Perry, cobriu cavalheirescamente as partes íntimas de O'Brien com seu capacete de policial, protegendo-o da exposição contínua ao público.

Com os aplausos da multidão ressoando em seus ouvidos, a dupla se tornou tema de uma fotografia famosa, reproduzida regularmente nos anos que se seguiram. "Era um dia frio", Perry relatou mais tarde (menos cavalheiresco), "e ele não tinha muito do que se orgulhar". Tempos depois, O'Brien se tornou um bem-sucedido corretor de ações na Austrália.

Nick Rennison

DesorDens em Red Lion SquaRe

No início do mês, a Frente Nacional, grupo neofascista de extrema direita, anunciou uma marcha pelo centro de Londres, que aconteceria em 15 de junho. Ela seguiria até Conway Hall, na Red Lion Square, onde haveria discursos sobre o fim da imigração e início da repatriação. Planos foram feitos imediatamente para organizar uma contramanifestação.

No início, os primeiros a se mexerem foram os membros do Liberação, uma organização anticolonial que existia desde a década de 1950. Entretanto, no dia, o ato incluiria não só vários grupos de extrema esquerda, do Partido Revolucionário dos Trabalhadores ao Grupo Internacional Marxista, mas também a União Nacional dos Estudantes.

O Grupo Internacional Marxista estava determinado a negar o acesso da Frente Nacional ao Conway Hall, e por isso montou piquetes diante da entrada principal. Os policiais, alguns deles a cavalo, tiveram dificuldade para manter os participantes da esquerda separados de quase mil manifestantes da Frente Nacional. Embates violentos entre os vários grupos se seguiram, e foi durante um deles que a maior tragédia do dia aconteceu. Kevin Gately era um estudante de matemática da Universidade de Warwick. Ele nunca vira uma manifestação política antes, e não teria a oportunidade de ver outra.

Excepcionalmente alto — pelo menos dois metros de altura — e ruivo, Gately não era um homem que costumava passar despercebido em uma multidão. Ele pode ser identificado nas fotos tiradas pela imprensa naquele dia porque era mais alto do que as demais pessoas que estavam na manifestação. Em determinado momento, durante o caos que tomava conta da Red Lion Square, e de alguma forma que nunca ficou explicada de maneira conclusiva, Kevin Gately foi atingido na cabeça. Um repórter do

1974 | Junho

Guardian, presente no local, escreveu que "ele foi deixado caído e imóvel no chão, enquanto a polícia afastava os manifestantes. Nós vimos seu corpo emergir, tal qual uma bola de rúgbi sai lentamente de um aglomerado de jogadores, enquanto a barreira de policiais avançava gradualmente".

Caído no chão e inconsciente, "em meio a uma confusão de placas quebradas, cartazes rasgados e sapatos perdidos", Gately foi pego por policiais e levado até um posto da St. John Ambulance, e depois ao University College Hospital. Ali ele morreu, a primeira pessoa a perder a vida durante uma manifestação na Grã-Bretanha desde 1919.

O inquérito sobre sua morte ocorreu no início de julho. Uma testemunha, prestando depoimento, relatou que os olhos de Gately estavam fechados quando ele caiu no chão. "Presumi que tivesse desmaiado. Ele estava totalmente inconsciente antes de atingir o chão. E caiu de lado quando seus joelhos dobraram".

O júri do inquérito emitiu um veredito de morte acidental, mas isso não satisfez aqueles que estavam convencidos do envolvimento da polícia ou dos manifestantes de direita na morte do jovem. "Quando a polícia avança com cacetetes e cavalos, e alguém é morto em circunstâncias como essas", um dos organizadores do Liberação foi citado dizendo, "eu chamaria de assassinato".

Um inquérito público, presidido por Lord Scarman (que posteriormente se tornou/assumiu o cargo de presidente do inquérito sobre o motim no distrito de Brixton, em 1981), foi convocado em setembro para examinar os acontecimentos de 15 de junho. Seu relatório foi publicado no ano seguinte. "Não há evidências de que ele tenha sido atingido por um golpe de algum policial, ou ferido de alguma forma pelos cavalos da polícia: não é sequer possível dizer se foi um golpe, uma queda, um chute ou o fato de ter sido pisoteado que causou o ferimento superficialmente minúsculo que levou a uma hemorragia cerebral."

Nick Rennison

Mikhail BARyshnikOv DEseRta

A União Soviética enfrentava um dilema nas décadas de 1960 e 1970. O regime queria que seus músicos e artistas visitassem o Ocidente, a fim de demonstrar a sofisticação e a força da cultura soviética. Infelizmente, enquanto faziam turnês pelo Ocidente, muitos desses músicos e artistas decidiam que não queriam voltar para casa. Deserções de alto nível, como a dos bailarinos Rudolf Nureyev e Natalia Makarova, deixavam a União Soviética em maus lençóis. A KGB trabalhava duro para manter os artistas em turnê sob vigilância constante, mas nem sempre isso dava certo. Outra deserção significativa ocorreu em junho de 1974.

Mikhail Baryshnikov nasceu em Riga, então capital da República Socialista Soviética da Letônia, parte da URSS, em 1948. Depois de começar seus estudos na dança em sua cidade natal aos 12 anos de idade, ele se mudou para a Academia Vaganova, em Leningrado, uma das escolas de balé clássico mais prestigiadas, e logo começou a receber prêmios por sua dança. Ele entrou no Kirov Ballet (agora Mariinsky) em 1967, e imediatamente começou a deixar sua marca em papéis principais. O crítico Clive Barnes chamou o jovem Baryshnikov, quando ele ainda se apresentava na União Soviética, de "o dançarino mais perfeito que eu já vi".

Em junho de 1974, Baryshnikov estava em turnê pelo Canadá com a mais famosa de todas as companhias russas de balé, o Bolshoi. No dia 29 daquele mês, em Toronto, ele escapou da vigilância de seu supervisor da KGB após uma apresentação, correu até um carro que o aguardava e foi levado para um esconderijo. Mais de uma década mais tarde, ele descreveu a fuga: "Eu saí correndo, o carro da fuga aguardava a alguns quarteirões dali, enquanto o grupo embarcava no ônibus. A KGB nos observava. Foi bem engraçado. Os fãs esperavam por mim do lado de fora do palco, e eu saí e comecei a correr. Eles começaram a correr atrás de mim para conseguir um autógrafo, estavam rindo, e eu corria pela minha vida". Seu pedido de asilo político no Canadá foi concedido, e ele pôde sair de seu esconderijo e retomar sua carreira, mas desta vez no Ocidente.

Baryshnikov sempre sustentou que sua decisão de desertar foi tanto artística quanto política. "Quando eu estava em Toronto", disse ele a um jornalista em sua primeira entrevista após a deserção, "finalmente decidi que, se eu deixasse a oportunidade de expandir minha arte no Ocidente passar, isso me assombraria para sempre [...]. Eu quero trabalhar com alguns dos maiores coreógrafos do Ocidente, se eles acharem que sou digno de suas criações". Nos anos após sua deserção, ele foi capaz de fazer isso. Dançou com o American Ballet Theatre e atuou com eles em novas versões de clássicos como *O quebra-nozes*; colaborou com o lendário coreógrafo George Balanchine; criou sua própria companhia, a White Oak Dance Project; e fundou, em 2005, o Baryshnikov Arts Center, em Nova York. Além disso, ele se tornou uma espécie de estrela de Hollywood, atuando com o sapateador estadunidense Gregory Hines em *O sol da meia-noite* e contracenando com Gene Hackman no thriller de ação, de 1991, *Companhia de assassinos*.

O assAssinato da mãe de MaRtin Luther King

Muita gente sabe que o estadunidense Martin Luther King Jr., ativista dos direitos humanos, foi assassinado em 1968; mas poucos estão cientes de que sua mãe teve o mesmo destino seis anos mais tarde. Em 30 de junho, Alberta King estava sentada ao órgão da Igreja Batista Ebenezer, em Atlanta, na Georgia, onde era diretora do coro, quando um jovem de vinte e poucos anos chamado Marcus Wayne Chenault lhe deu dois tiros. Ela foi levada às pressas para o hospital mais próximo, mas morreu logo depois de dar entrada na emergência.

Chenault, que disse à polícia que "todos os cristãos são meus inimigos", era adepto de um novo grupo religioso conhecido como os Israelitas Hebreus Negros, que acreditavam que os afro-americanos eram descendentes dos antigos israelitas. Muitos deles consideravam os líderes negros da igreja mentirosos que enganavam e fraudavam suas congregações. A intenção original de Chenault era a de matar o reverendo Jesse Jackson em Chicago, mas ele mudou de ideia e viajou para o sul da Georgia.

Dentro da Igreja Batista Ebenezer, ele esperava assassinar o pai de Martin Luther King Jr., mas o pastor estava em outro lugar naquele domingo. Quando Chenault não conseguiu encontrar seu alvo original, ele se levantou, gritando "Vocês estão servindo a um falso Deus!", e atirou em Alberta King, que tocava o órgão. Ele também voltou sua arma para o restante da congregação, atirando descontroladamente e matando um dos diáconos da igreja, Edward Boykin, e ferindo outro devoto, um professor aposentado chamado Jimmie Mitchell.

Enquanto tentava recarregar sua pistola, Chenault foi dominado por vários homens do coro da igreja. Um deles disse aos jornalistas mais tarde: "Ele estava delirando. Parecia estar febril. Dizia sem parar: 'A guerra fez isso comigo. É a guerra'". Chenault era veterano da Guerra do Vietnã e sofria de doenças mentais desde seu retorno para casa.

Após o tiroteio, a congregação e outras pessoas se reuniram do lado de fora da Igreja Batista Ebenezer. "Tinha gente por todos os lados", a filha de Alberta King, Christine, relembrou. "Havia uma multidão de curiosos. Quando olhei nos olhos deles, eu vi o que em geral é descrito como 'o olhar perdido'. É um tipo de vazio que eu nunca tinha visto antes. Estavam todos perplexos e em estado de choque. Muitos choravam; a maioria levava a mão à boca em descrença." A mãe de Martin Luther King Jr. levou um tiro fatal a menos de cem metros de onde seu famoso filho estava enterrado.

1974 | Junho

Condenado por assassinato em primeiro grau, Chenault seria executado, mas, em parte por causa da oposição expressa da família King à pena de morte, sua sentença foi alterada para prisão perpétua. Ele morreu de um AVC em 1995, aos 44 anos de idade.

JULHO

Juan Perón
Torre de Rádio
Alemanha Ocidental
Dificuldade Econômica
Fuga
Turquia
Copa do Mundo
Chipre
Reféns
Autoridades
Argentina
Holanda
Jairzinho
Político
Presidente
Regime Autoritário
Prisão Ex-Nazistas
Varsóvia
Presidiário Refúgio

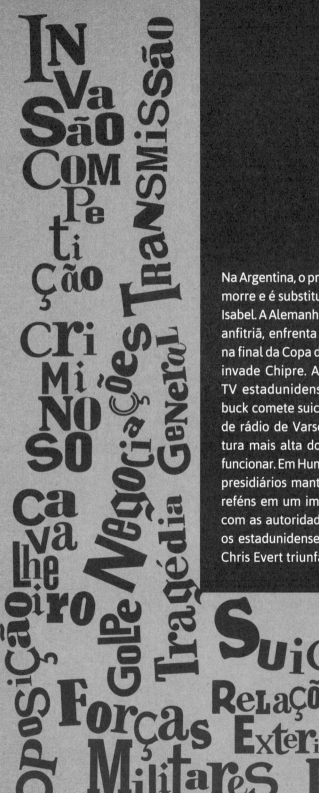

Na Argentina, o presidente Juan Perón morre e é substituído por sua esposa, Isabel. A Alemanha Ocidental, seleção anfitriã, enfrenta a favorita Holanda na final da Copa do Mundo. A Turquia invade Chipre. A apresentadora de TV estadunidense Christine Chubbuck comete suicídio ao vivo. A torre de rádio de Varsóvia, então a estrutura mais alta do mundo, começa a funcionar. Em Huntsville, no Texas, três presidiários mantêm quinze pessoas reféns em um impasse de onze dias com as autoridades. Em Wimbledon, os estadunidenses Jimmy Connors e Chris Evert triunfam.

A morte dE Juan PErón

No início de 1973, o general e político exilado argentino, Juan Perón, contemplava as possibilidades de um retorno. Ele havia servido como presidente de seu país 27 anos antes, quando sua primeira-dama era sua segunda esposa, Eva, mais conhecida como Evita, destinada a ser o tema futuro de um musical de Andrew Lloyd Webber. O casal fora imensamente popular entre as classes trabalhadoras argentinas por causa do compromisso que o governo tinha de melhorar a vida dos pobres, mas Perón também presidira um regime autoritário, no qual os oponentes políticos eram presos e torturados, e que dera refúgio a ex-nazistas, como Josef Mengele e Adolf Eichmann. Mesmo assim, ele foi reeleito para um segundo mandato em 1952, mas Evita morreu de câncer, com apenas 33 anos de idade, naquele mesmo ano. Ela fora o principal motivo da popularidade do marido e, sem ela ao seu lado, ele começou a perder apoio.

A crescente insatisfação do público com seu presidente, largamente causada por sua inabilidade em lidar com as dificuldades econômicas que o país enfrentava, foi agravada pelo relacionamento dele com Nelly Rivas, uma jovem que tinha apenas catorze anos na época. Em 1955, Perón foi derrubado por um golpe militar e obrigado ao exílio, forçado a passar vários anos no exterior, a maior parte do tempo na Espanha.

Durante todos esses anos de exílio, ele continuou a influenciar a política em seu país natal, e o movimento peronista ainda tinha milhões de apoiadores. Em março de 1973, uma eleição geral ocorreu na Argentina, e ainda que o próprio Perón tivesse sido impedido de concorrer, um de seus principais aliados, Héctor Cámpora, foi escolhido presidente. Ele assumiu em maio, e Perón retornou ao país no mês seguinte, sendo recebido por uma imensa multidão no aeroporto. Algumas estimativas sugerem que mais de 3 milhões de pessoas se reuniram para recepcioná-lo, embora a ocasião tenha terminado em um banho de sangue quando atiradores peronistas de direita abriram fogo contra outros peronistas da ala esquerda de seus apoiadores.

Cámpora e seu vice-presidente renunciaram em julho, abrindo caminho para novas eleições das quais Perón podia participar. Ele recebeu 62% dos votos, e começou seu terceiro mandato como presidente em outubro. Nessa época, já se aproximava dos oitenta anos e tinha sérios problemas de saúde. Ele sofria de um aumento na próstata e de doença cardíaca. Mais tarde foi sugerido que sua capacidade mental estava falhando e que ele estava nos primeiros estágios de demência. Após uma série de ataques cardíacos e uma sequência de boletins de seus médicos, cada um anunciando uma nova deterioração em sua saúde, Perón morreu no início da tarde do dia 1º de julho de 1974. Ele foi sucedido na presidência por sua terceira esposa, María Estela, mais conhecida como Isabel, que voltou correndo de uma missão comercial na Europa assim que teve notícias da doença do marido. Antiga dançarina de cabaré, ela se tornou, aos 43 anos, a mais jovem chefe de estado da América do Sul na época.

Sua primeira preocupação foi evitar tumultos, que frequentemente acompanham transições de poder na América do Sul, e então apelou para que "tanto amigos quanto oponentes deixassem de lado suas paixões pessoais" depois da morte de seu marido, a quem chamava de "maior apóstolo da paz e da não violência", uma descrição que deve ter surpreendido alguns daqueles que se opuseram a Perón no passado. Uma das homenagens mais estranhas à morte de Perón ocorreu não na Argentina, mas do outro lado do Atlântico, na Alemanha Ocidental, onde se realizava a Copa do Mundo (ver a seguir). Em 3 de julho, dois dias após a morte do general, quatro partidas foram disputadas em diferentes horários. Uma delas era Argentina *versus* Alemanha Ocidental, na qual um minuto de silêncio antes do início teria sido compreensível. Em vez disso, a Fifa decretou, por motivos agora insondáveis, que haveria trinta segundos de silêncio no meio dos quatro jogos. Dez minutos após o início da partida, o jogo era interrompido pelo apito do árbitro, e jogadores de países como Holanda, Polônia e Iugoslávia tinham que ficar parados, refletindo sobre a morte de um político ancião a milhares de quilômetros de distância.

A final da Copa do Mundo

Em 1974, a Copa do Mundo foi disputada na Alemanha Ocidental, e a final aconteceu no dia 7 de julho no Olympiastadion, em Munique, que fora o principal palco dos Jogos Olímpicos de 1972. O torneio começara três semanas antes, com uma partida no Waldstadion, em Frankfurt, entre o Brasil, então campeão, e a Iugoslávia. Apesar dos talentosos atacantes em campo (a seleção brasileira incluía Jairzinho, que fora o artilheiro na Copa do Mundo anterior), o jogo terminou em um empate de zero a zero.

Na primeira rodada de partidas, a Alemanha Ocidental e a Alemanha Oriental estavam no grupo 1. A Alemanha Oriental liderou o grupo, derrotando seus vizinhos por um a zero em uma partida decisiva em Hamburgo, mas a Alemanha Ocidental passou para a rodada seguinte em segundo lugar. A Iugoslávia liderou o grupo 2, em grande parte por causa da vitória de nove a zero sobre o Zaire, e a Escócia, único time britânico na competição, teve o azar de ser eliminada depois de empatar tanto com o Brasil quanto com a Iugoslávia, e não conseguir marcar mais do que dois gols contra o time africano. O grupo 3 foi liderado pela Holanda, capitaneada pelo falecido Johan Cruyff, três vezes vencedor da Bola de Ouro como futebolista europeu do ano, e em geral considerado um dos maiores jogadores do século xx. Como era de esperar, a Holanda estava entre as favoritas para chegar à final. A Suécia conseguiu o segundo lugar. (Foi na partida do grupo 3, entre Holanda e Suécia, que ocorreu um dos momentos definidores da Copa do Mundo de 1974, quando Cruyff driblou o lateral direito sueco Jan Olsson, "a pessoa mais tola do mundo", no que ficou conhecido desde então como o "giro de Cruyff".) A Polônia, único time a conquistar o máximo de pontos na primeira rodada, foi classificada no grupo 4 juntamente com a Argentina, cujo saldo de gols era marginalmente melhor do que o da Itália.

As oito equipes, campeãs e vice-campeãs em cada grupo, agora avançavam para a segunda rodada. Ao contrário da competição de hoje, a Copa do Mundo de 1974 não tinha um mata-mata nessa fase. Em vez disso, os oito times eram organizados em dois grupos de quatro. Os vencedores de cada grupo seguiam para a final; os vice-campeões disputavam o terceiro lugar. No grupo A, os holandeses não tiveram dificuldades em derrotar Alemanha Oriental e Argentina, a última por quatro a zero. A partida decisiva ocorreu entre eles e o Brasil, que também ganhara os jogos contra os outros dois times do grupo.

Acabou sendo uma partida decepcionante, na qual os brasileiros optaram por táticas agressivas para desestabilizar os oponentes. Um de seus zagueiros, Luís Pereira, terminou expulso aos 84 minutos, mas a essa altura os holandeses já tinham feito dois gols — com Cruyff e Neeskens — e tinham o jogo na manga. No grupo B, a competição por uma vaga nas finais se deu entre a Alemanha Ocidental e a Polônia, que tinham vencido as respectivas partidas contra Iugoslávia e Suécia, os outros times na chapa. Na partida de decisão, a Alemanha Ocidental ganhou de um a zero, o único gol da partida, feito pelo seu atacante talismânico, Gerd Müller.

No dia 6 de julho, Polônia e Brasil disputaram o terceiro lugar, e os europeus do leste ganharam por um único gol, marcado pelo atacante Grzegorz Lato. Dessa forma, a final no dia seguinte se deu entre a nação anfitriã, a Alemanha Ocidental, e o time favorito, a Holanda. Estava marcada para começar às quatro horas da tarde, mas o início foi adiado quando se percebeu que não havia bandeiras de escanteio. A cerimônia de encerramento do torneio tinha ocorrido imediatamente antes da partida final, e as bandeiras foram removidas. Ninguém se lembrou de colocá-las de volta. Jack Taylor, o juiz inglês que estava a cargo da partida, assumiu a responsabilidade de substituí-las. "Quando alguém vai a uma final de Copa do Mundo na Alemanha, uma nação tão eficiente, que nunca comete erros, e não há bandeiras de escanteio, não dá para acreditar", ele relembrou. "Milhões de pessoas assistindo, e ali estava eu, um único cara, percorrendo todo o campo para colocar as bandeiras no lugar." Assim que a tarefa foi completada, a partida pôde começar.

Os holandeses, liderados por Cruyff, jogaram um futebol fascinante nas partidas anteriores, e eram claramente os favoritos. Eles abriram o placar aos dois minutos, depois de Cruyff, em uma corrida solo, ser derrubado na área de pênalti antes que um jogador alemão nem sequer tivesse encostado na bola. Jack Taylor marcou a penalidade máxima, e Johan Neeskens colocou a bola na rede, passando pelo goleiro Sepp Maier. Por um tempo pareceu que a partida poderia ser unilateral, e que os holandeses sairiam com uma vitória fácil. Mas os alemães, sob o comando de Franz Beckenbauer, se mantiveram firmes, sem sofrer outro gol. Aos 25 minutos, conquistaram seu próprio pênalti, quando Bernd Hölzenbein sofreu uma falta na área. O lateral esquerdo Paul

Breitner colocou a bola na rede. Encorajados por isso, os alemães ganharam confiança e marcaram novamente, um pouco antes do intervalo, quando Gerd Müller, jogando a última partida de sua carreira internacional, que lhe rendeu surpreendentes 68 gols em 62 jogos, derrotou o goleiro holandês Jongbloed. Depois do intervalo, os holandeses foram com tudo para cima de seus oponentes, mas os alemães se fecharam na defesa, e Cruyff e seus homens não conseguiram alcançar o empate. Quando Taylor apitou o final da disputa, o placar estava ainda em dois a um. Os alemães ocidentais de Beckenbauer tinham triunfado; a Holanda, um dos melhores e mais inovadores times internacionais de todos os tempos, tinha perdido um jogo que a maioria dos observadores neutros esperava que ela vencesse.

Golpe e invasão em Chipre

A história do Chipre nos anos pós-guerra foi constantemente atormentada pela questão da *enosis*, ou união com a Grécia. A figura mais poderosa na política cipriota durante muitos anos foi o arcebispo Makarios, líder da Igreja Ortodoxa do país, que foi identificado com a *enosis* durante os anos em que o Chipre esteve sob domínio britânico, mas que se afastou de qualquer compromisso depois da independência do país e de sua própria eleição como presidente. Sua ênfase era agora mais na integração com as comunidades grega e turca na ilha, em vez de apenas nos interesses gregos.

Em 1973, Makarios retornara para um terceiro mandato como chefe de estado, mas a oposição contra ele só aumentava. Quem liderava isso era o EOKA-B, um grupo que desejava conseguir a *enosis*, usando meios violentos se necessário. Depois de vários ataques terroristas no Chipre, Makarios declarou o EOKA-B uma organização ilegal, mas ela continuou a ter apoio da junta militar que então governava a Grécia. Um golpe contra o governo do arcebispo estava em preparação.

No início da manhã de 15 de julho, tanques começaram a bombardear o palácio presidencial em Nicósia. No início, houve relatos de que Makarios morrera durante o golpe. No entanto, embora o palácio tivesse sido completamente destruído, ele fugiu por uma entrada dos fundos logo depois que o bombardeio começou, e conseguiu seguir até a cidade costeira de Pafos. De lá, ele pegou um avião para Malta e depois para Londres, onde teve uma reunião com Harold Wilson e Jim Callaghan, então secretário de Relações Exteriores, que lhe garantiram que a Grã-Bretanha não reconheceria mais ninguém como presidente legítimo do país. Segundo Wilson, ele também conseguiu com uma igreja ortodoxa em Londres que o arcebispo recebesse uma batina limpa. Com sua batina nova, Makarios foi até Nova York se dirigir ao Conselho de Segurança das Nações Unidas e defender o argumento de que a junta militar grega era responsável pelo golpe.

Em Chipre, Makarios tinha sido substituído por um ex-jornalista e defensor fervoroso da enosis, Nikos Sampson, que permaneceu apenas oito dias como presidente antes de renunciar. Mesmo em um período tão curto no poder, Sampson conseguiu instituir um minirreinado de terror contra os apoiadores de Makarios e oponentes de esquerda ao seu governo, e centenas perderam suas vidas. Em resposta ao golpe apoiado pela Grécia, que representava uma ameaça severa aos cidadãos turcos do Chipre, forças militares turcas foram colocadas imediatamente em alerta máximo. O primeiro-ministro turco, Bülent Ecevit, seguiu o exemplo de Makarios e viajou até Londres, mas nenhuma solução para a crise foi encontrada. O governo turco expressou sua indisposição em negociar com os gregos, e a junta grega não demonstrou interesse em se encontrar com os turcos. Em 19 de julho, Ecevit telefonou de Londres para seu comandante-chefe e o autorizou a seguir com os planos de invadir o Chipre. No dia seguinte, tropas turcas desembarcaram a oeste do porto de Cirênia, e paraquedistas caíram dos céus em solo cipriota. Em poucos dias, um cessar-fogo foi negociado pela ONU, mas a área ao redor de Nicósia, em particular, já havia sofrido combates intensos, com várias mortes.

Os acontecimentos continuaram a se desenrolar rapidamente tanto na Grécia quanto no Chipre. Nos dias 23 e 24 de julho, a junta grega entrou em colapso, e Constantine Karamanlis, que fora primeiro-ministro na década de 1960, antes que os militares assumissem o controle do país, encerrou seu exílio em Paris e retornou ao poder. No Chipre, Sampson renunciou e foi substituído no cargo de presidente por Glafkos Clerides. Uma conferência em Genebra foi convocada no final de julho, com representantes de ambos os lados no Chipre e os ministros de Relações Exteriores da Grã-Bretanha, da Grécia e da Turquia. No entanto, a Turquia, que, após a mudança de governo na Grécia, estava disposta a aceitar o pedido da ONU para um cessar-fogo, continuou a mandar tropas para o Chipre e se recusou terminantemente a levar em consideração qualquer acordo que envolvesse a retirada de suas forças militares da ilha. Enquanto os políticos discutiam, os acontecimentos em campo mudavam. Em meados de agosto, o exército turco rompeu suas linhas e avançou mais para o sul, colocando cerca de 40% da ilha sob seu controle. Ecevit concordou com o cessar-fogo em 16 de agosto, mas, a essa altura, o dano já fora feito. A ilha estava efetivamente dividida. E permanece assim desde então.

Vitórias estadunidenses em Wimbledon

Em 1974, as finais individuais tanto masculina quanto feminina, em Wimbledon, foram vencidas por jovens tenistas estadunidenses. Não só isso, os dois vitoriosos, Chris Evert e Jimmy Connors, para o deleite dos tabloides ao redor do mundo, namoravam um com o outro. Em 5 de julho, Evert derrotou Olga Morozova, da União Soviética, que tinha derrotado a então campeã Billie Jean King nas quartas de final e a maior esperança britânica, Virginia Wade, nas semifinais. Na final, ela foi surpreendida por Evert, que teve um percurso mais fácil ao derrotar Helga Masthoff e Kerry Melville. A tenista estadunidense não precisou de mais do que uma hora para triunfar. Ela venceu o primeiro set por seis a zero, e ainda que sua oponente russa tenha se recuperado um pouco no segundo set, o resultado nunca esteve em dúvida. Evert levou o segundo set por seis a quatro. Aos 19 anos, ela foi a mais jovem vencedora desde Maureen "Little Mo" Connolly, que conquistou o título em 1952, aos 17 anos. "Sei que ainda jogarei em Wimbledon por muitos anos", disse ela depois da vitória. "Mas eu estava pensando alguns anos adiante, quando Billie Jean (King) e Margaret (Court) pudessem se aposentar. Nunca pensei que venceria em Wimbledon este ano."

A final masculina, disputada no dia seguinte, também foi um exemplo da passagem de uma geração mais antiga e a chegada de uma mais nova. Jimmy Connors tinha 21 anos de idade e estava no meio de um ano dos sonhos, que lhe rendeu quinze vitórias nos 21 torneios que disputou, incluindo três Grand Slams. Seu oponente, Ken Rosewall, era um veterano australiano que jogara pela primeira vez em Wimbledon em 1952, e que agora estava com 39 anos. Ele desfrutara de uma carreira maravilhosa, e essa era sua última chance de vencer o único título de Grand Slam que lhe faltava. Grande parte da multidão estava ao seu lado, mas foi em vão. Connors conquistou a vitória em uma sequência de sets, vencendo por seis a um, seis a um e seis a quatro. Muitos fãs do tênis lamentaram o que viam ser o final de uma era. Como Jon Henderson, do *The Observer*, comentou anos mais tarde: "Havia um sentimento palpável de nostalgia, enquanto o tênis estava à beira de uma mudança de paradigma. Rosewall era um representante brilhante de uma decadente era de elegância, um jogador para quem o tênis era uma questão de toque, de posicionamento e de variações requintadas". Em contraste, Connors parecia "um jovem punk americano". Seu jogo dependia da força, não da elegância, e o futuro lhe pertencia.

A torRe da rádio de Varsóvia iNicia suas transmissões

O arranha-céu conhecido como Burj Khalifa, em Dubai, é de longe a estrutura mais alta do mundo desde que terminou de ser construído em 2010. O Merdeka Tower, um edifício residencial e de escritórios com 118 andares, em Kuala Lumpur, foi inaugurado em 2022, e agora ocupa o segundo lugar. A terceira estrutura mais alta já construída foi finalizada em 1974. Era uma torre de rádio em um minúsculo vilarejo chamado Konstantynów, a cerca de oitenta quilômetros a oeste da capital polonesa, Varsóvia, e começou a operar regularmente em 22 de julho, data que foi celebrada de 1944 a 1989 como o "Dia Nacional do Renascimento da Polônia". Projetada por um engenheiro chamado Jan Polak, a torre tinha 646 metros de altura. Serviu durante dezessete anos como transmissora para o Serviço de Rádio e Televisão da Varsóvia. Seu sinal podia ser captado por toda a Europa, em muitas partes da África e do outro lado do oceano Atlântico, nos Estados Unidos. Afirmava-se até que podia ser captado por rádios em estações polares na Antártica.

    O reinado da torre da rádio como a estrutura mais alta do mundo não durou muito. Depois de apenas uma década, ela já mostrava sinais claros de desgaste. Rajadas de vento causaram pequenos danos estruturais, mas algo muito pior estava por vir.

Em 1991, durante a substituição de alguns cabos desgastados, um dos principais cabos de sustentação precisou ser temporariamente desconectado. Durante o tempo em que o cabo principal ficou solto e os temporários ainda não estavam completamente conectados, uma rajada de vento súbita e forte torceu o mastro da torre. Sem suporte, a torre se dobrou e partiu na metade de seus 646 metros, e toda a estrutura desabou. Ninguém ficou ferido, mas dois funcionários da construtora responsável pela manutenção da torre foram mandados para a cadeia. A reconstrução foi discutida, mas encontrou forte oposição da população local, que duvidava da segurança da torre no futuro e não desejava testemunhar grandes pedaços de metal caindo sobre suas casas. Os planos de reconstrução foram abandonados. Alguns dos destroços do mastro ainda podem ser vistos no local.

Um evEnto chocanTe ao vivo na TV

Todo jornalista é aconselhado a não se tornar notícia. Uma que fez isso da forma mais dramática, e em circunstâncias trágicas, foi Christine Chubbuck, de 29 anos, repórter e apresentadora da estação de TV WXLT, na Flórida. Nascida em Ohio, onde cresceu, Chubbuck se formou em radiodifusão pela Universidade de Boston e passou por uma série de empregos em pequenas empresas de rádio e TV. Ela ingressou em seu último emprego em 1973, e em agosto do mesmo ano se tornou apresentadora do *Suncoast Digest*, um talk show matutino do canal, no qual ela entrevistava pessoas da localidade.

A manhã do dia 15 de julho começou como qualquer outra, embora alguns de seus colegas de trabalho tenham sugerido, mais tarde, que ela estava notadamente mais alegre do que o normal. Ela surpreendeu a todos dizendo que abriria o programa com um segmento de notícias, e só então passaria para a entrevista agendada. Essa não era sua prática comum, mas ela deu início e cobriu três histórias nacionais nos oito minutos seguintes. No meio da leitura da quarta reportagem, houve um problema técnico na filmagem que devia acompanhar o roteiro. A fita de rolo não funcionou. Chubbuck parou, se virou para a câmera e anunciou: "Seguindo a prática da WXLT de apresentar as reportagens mais imediatas e completas de notícias locais com muito sangue e tripas, a TV 40 apresenta o que acredita ser algo inédito na televisão. Ao vivo e em cores, uma cobertura exclusiva de uma tentativa de suicídio". Ela então tirou uma arma da bolsa e atirou em si mesma atrás do ouvido direito. O diretor do programa rapidamente interrompeu a transmissão, e a estação logo passou a exibir um filme. Chubbuck foi levada às pressas para o hospital mais próximo, onde morreu cerca de catorze horas depois de seu ato de desespero totalmente público.

Ela sofria de depressão havia anos (tinha sobrevivido a uma overdose de drogas em 1970), e a família sabia de suas lutas com a doença mental. Eles não tinham informado ninguém na WXLT porque temiam que isso pudesse atrapalhar as perspectivas de emprego dela. Uma semana antes do dia 15, ela mesma falara com o editor noturno do canal sobre se matar ao vivo, mas ele presumiu que aquilo fosse simplesmente um exemplo de seu senso de humor "doentio" e não deu resposta. O corpo de Chubbuck foi cremado e suas cinzas, espalhadas no Golfo do México. O ministro em seu funeral expressou o sentimento de choque e perplexidade que tantos daqueles que a conheciam sentiam quando disse: "Nós sofremos um sentimento de perda, estamos assustados pela ira dela, sentimos culpa em face de sua rejeição, estamos magoados pela sua escolha de isolamento, e confusos por sua mensagem". Dizem que a gravação do suicídio de Chubbuck ainda existe, embora não seja vista desde o dia de sua morte. Gravações falsas que supostamente a mostram atirando em si mesma apareceram no YouTube, mas

1974 | Julho

dizem que a gravação verdadeira está trancada no cofre de um grande escritório de advocacia. Um longa-metragem baseado em sua vida e morte, *Christine, uma história verdadeira*, foi lançado em 2016, estrelando Rebecca Hall no papel-título.

Cerco à prisão de Huntsville

O que foi um dos mais longos cercos envolvendo a tomada de reféns na história dos Estados Unidos começou na penitenciária estadual de Huntsville, no Texas, em julho de 1974, e durou todo o mês seguinte. O implacável contrabandista de drogas mexicano-estadunidense Frederico Gómez Carrasco, cumprindo pena de prisão perpétua após sua captura em um tiroteio com a polícia, em um motel em San Antonio, era o líder de uma pequena gangue de prisioneiros que fez uma aposta desesperada em busca da liberdade. Por meio de suas conexões com o mundo exterior, ele foi capaz de contrabandear pistolas e munição para dentro da cozinha da prisão, onde conseguiu se apossar delas. As armas chegaram em um presunto oco, e a munição, em uma imensa lata de pêssegos. Na tarde do dia 24 de julho, juntamente com dois comparsas, Rodolpho Dominguez e Ignacio Cuevas, Carrasco entrou na biblioteca da prisão, disparou vários tiros e cercou todos os presentes. Inicialmente, eram oitenta pessoas, mas ele percebeu que não conseguiria manter controle sobre tanta gente, e começou a libertá-los em grupos de cinco da biblioteca então barricada. Ele manteve quinze reféns — quatro outros presidiários e onze funcionários da prisão. Assim começou um impasse de onze dias, nos quais Carrasco tentava arquitetar sua fuga, e as autoridades lutavam para encerrar a crise sem um banho de sangue.

As negociações começaram com o diretor da prisão, H.H. Husbands, e com o diretor do Departamento de Correções do Texas, W.J. Estelle. Quando a notícia do que estava acontecendo

147

em Huntsville se espalhou, agentes do FBI chegaram para ajudar as autoridades locais, e a imprensa apareceu em massa na cidade. Carrasco e seus comparsas fizeram uma série de exigências — desde roupas elegantes a *walkie-talkies* e capacetes de proteção —, e a maioria delas foi cumprida. No entanto, Husbands e Estelle estavam determinados a não permitir que os três prisioneiros escapassem, então o cerco se arrastava. Um dos reféns foi libertado depois do que parecia ser um ataque do coração; outro decidiu que essa era uma boa tática para conquistar a liberdade, e fingiu uma doença similar. Também foi libertado. Um terceiro refém, temendo ter irritado Carrasco e colocado sua vida em risco, teve êxito em fugir da biblioteca. Muitos dos reféns restantes eram profundamente religiosos, e mantiveram o ânimo cantando hinos, tais como "Amazing Grace" e "Oh, How I Love Jesus". Carrasco era um homem volátil. Podia ser educado e quase charmoso em um minuto, e ferozmente agressivo no instante seguinte. "Acredito que Carrasco fez uma tentativa de se apresentar como um criminoso cavalheiro", um dos reféns relatou mais tarde. "Ele nos tratava com muito respeito e gentileza — exceto, é claro, quando nos dizia: 'Vou atirar em vocês daqui a vinte minutos'. Ele fazia isso três ou quatro vezes por dia."

Enquanto os acontecimentos seguiam na direção do que acabaria sendo um clímax sangrento, Husbands e Estelle, com a aprovação do governador do Texas, finalmente concordaram em levar um carro blindado para o pátio da prisão. Um pouco antes das 22 horas do dia 3 de agosto, os presidiários armados iniciaram sua tentativa de fuga. Seguindo a sugestão de um dos reféns, eles montaram uma estrutura improvisada constituída de quadros-negros com rodinhas, recobertos com vários livros da biblioteca. Dentro desse abrigo, Carrasco se algemou à bibliotecária Yvonne Beseda, e Dominguez e Cuevas se prenderam a dois outros reféns. O restante dos reféns ficou preso do lado de fora da estrutura, para servir como um escudo humano. Ainda que nem Carrasco ou seus

1974 | Julho

cativos soubessem, Estelle ainda pretendia impedir qualquer fuga. Quando o grupo se aproximou do veículo blindado, que supostamente levaria os presos para fora da prisão, Estelle ordenou que seus homens acionassem poderosas mangueiras de incêndio no escudo improvisado. A ideia era derrubar a estrutura e libertar todos os reféns no caos que se seguiria, mas o plano deu muito errado. Não só o jato de água fracassou em derrubar o escudo, como uma das mangueiras arrebentou. Carrasco e seus homens começaram a disparar suas armas, e os oficiais da lei responderam à altura. Em pouco tempo, Yvonne Beseda e outra refém, Julia Standley, foram mortas, Carrasco cometeu suicídio virando sua arma para si mesmo, e Dominguez foi morto a tiros pelos guardas da prisão. O presidiário sobrevivente, Cuevas, passou quase dezessete anos no corredor da morte antes de ser executado, em 23 de maio de 1991. Suas últimas palavras foram: "Vou para um lugar lindo. Ok, diretor, vá em frente".

"Nenhum de nós que esteve lá durante aqueles onze dias inacreditáveis jamais esquecerá a tensão, o calor, a frustração e a coragem de tantas pessoas boas, dentro e fora daquela prisão", um repórter de TV disse mais tarde. "É uma tragédia que duas reféns tenham morrido. É um milagre que o restante tenha sobrevivido."

Agosto

Os Ramones
Turistas
Acidente
World Trade Center
Punk Caos
Presidente
Festival de Música
Luto Trem
Nacional
Viagem
Invasão Criminosa
Voos Cancelados
FBI
Torres Falência
Cultura Alternativa
Notre-Dame

Atividades Criminais
Court Line
Obstrução da Justiça
Perjúrio
Prisão
Conduta
Desordeira
Casa Branca
Inflação
Cola Bamba
Gravações
Torres Gêmeas
Clarksons
Cansaço
Impeachment
Irregularidades Presidenciais
Agente Sênior
Renúncia
Desastre
Sobreviventes

Diante de um provável impeachment, como consequência do escândalo Watergate, o presidente estadunidense Richard Nixon renuncia. Um equilibrista francês caminha entre as duas torres do World Trade Center. Na Iugoslávia, um acidente de trem em Zagreb tira a vida de mais de 150 pessoas. A banda proto-punk Ramones faz seu primeiro show no lendário clube CBGB, em Nova York, e um festival de música gratuito na Grã-Bretanha termina em caos. A Court Line Aviation quebra, e dezenas de milhares de turistas britânicos ficam presos no exterior.

Nixon renuncia

Apesar de suas inúmeras complicações e ramificações, o escândalo Watergate, que assolou o segundo mandato de Richard Nixon como presidente dos Estados Unidos, foi essencialmente uma história simples. Nas primeiras horas do dia 17 de junho de 1972, cinco homens foram presos no Complexo Watergate, uma mistura de escritórios, apartamentos e quartos de hotéis em Washington D.C. Eram todos membros de uma equipe designada para o Comitê de Reeleição do Presidente (CRP ou, como era mais frequentemente descrito na mídia, CREEP, palavra em inglês para "rastejar"), e foram pegos em flagrante enquanto invadiam o escritório do Comitê Nacional Democrata, a fim de roubar documentos e instalar dispositivos de escuta. Todos os problemas que se seguiram vieram das tentativas de acobertar esses fatos básicos. O acobertamento comprometeu, gradualmente, mais e mais membros da administração, até alcançar os níveis mais altos e colocar o próprio presidente sob o escrutínio da imprensa. Dois incansáveis repórteres investigativos, Bob Woodward e Carl Bernstein, trabalhando para o *The Washington Post*, se recusaram a aceitar as histórias que eram contadas e persistiram em cavar cada vez mais fundo, em busca da verdade. A direção certa foi indicada a eles por um informante chamado "Garganta Profunda" (por causa do título de um conhecido filme pornô da época), que muitos anos mais tarde revelou-se um agente sênior do FBI chamado Mark Felt.

Nixon foi reeleito para um segundo mandato como presidente em novembro de 1972, um período no qual o Watergate devia lhe parecer apenas um incômodo de menor importância, que desapareceria com o tempo. No entanto, os dezoito meses seguintes viram uma série de revelações que aumentaram a pressão sobre o presidente e seus assessores mais próximos. Em maio de 1973, um comitê foi criado no Senado, e seus procedimentos seriam televisionados nacionalmente enquanto tentavam desenterrar os fatos completos por trás do escândalo em desenvolvimento. Um famoso advogado, Archibald Cox, ex-procurador-geral da época do presidente Kennedy, foi designado como promotor especial, encarregado de examinar a possibilidade de irregularidades presidenciais. No final de junho, era conhecida a existência de fitas de áudio com gravações das conversas e ligações telefônicas de Nixon na Casa Branca. Nixon então ordenou que o sistema de gravação fosse abandonado, e se recusou a entregar a Cox as fitas que já existiam. Em vez disso, ele planejou a demissão do promotor especial e sua substituição por alguém que o presidente esperava (em vão, como se veria) ser mais tratável.

Em novembro de 1973, Nixon deu sua agora notória resposta a uma questão da imprensa, na qual declarou: "as pessoas precisam saber se seu presidente é ou não um vigarista", e então, depois de uma breve pausa para ênfase, disse: "Bem, eu não sou um vigarista". Enquanto o Watergate continuava a dominar o noticiário pelo resto de 1973 e início de 1974, essas palavras foram parecendo cada vez mais vazias e, na realidade, mentirosas. Cada nova revelação ameaçava provar mais a cumplicidade do presidente no acobertamento, e no acobertamento do acobertamento. Vários membros de seu círculo mais próximo foram formalmente indiciados por conspiração, perjúrio e obstrução da justiça, e a existência das fitas da Casa Branca continuava a ocupar o centro do palco. A divulgação de transcrições editadas do material, no fim de abril, pouco serviu para conter as demandas pela verdade. Presumia-se que as versões não editadas proporcionariam evidência inequívoca

1974 | Agosto

do envolvimento direto do presidente nas atividades criminais. Woodward e Bernstein publicaram o livro *Todos os homens do presidente* em junho, e a Suprema Corte, em 24 de julho, ordenou que Nixon entregasse as gravações das conversas na Casa Branca sobre o Watergate. No Congresso, havia movimentações para conseguir o impeachment do presidente.

Em agosto, ficou claro que o jogo estava acabado. Nixon dissera para sua família que tinha planos para renunciar no segundo dia daquele mês, mas foi persuadido a reconsiderar a decisão. No entanto, a divulgação das fitas três dias depois, que revelaram sem sombra de dúvidas que ele sabia da ligação da Casa Branca com a invasão em Watergate logo depois do ocorrido, e que fora indubitavelmente conivente com o acobertamento, significou o fim da estrada para ele. "Esse foi o golpe final, o último prego no caixão", Nixon disse para um antigo assessor alguns anos mais tarde. "Embora você já não precise de outro prego se já estiver no caixão — e nós estávamos." Uma delegação de republicanos sêniores do Senado e da Casa dos Representantes o visitou para relatar que o impeachment seria inevitável. (Naquela época, o único presidente desafiado dessa forma fora Andrew Johnson, mais de um século antes.) Se o impeachment avançasse, Nixon certamente seria declarado culpado e retirado do cargo. Sua única escolha era renunciar com o resto de dignidade que lhe sobrava.

Em 9 de agosto, ele fez exatamente isso. Como era exigido pela legislação na década de 1970, sua carta de renúncia foi enviada para o secretário de Estado, Henry Kissinger. Para um comunicado tão importante, foi extraordinariamente breve e direto ao ponto. "Caro senhor secretário", lia-se, "Venho por meio desta renunciar ao cargo de Presidente dos Estados Unidos. Atenciosamente, Richard Nixon". Na noite anterior, ele se sentara em sua escrivaninha no Salão Oval para fazer seu último discurso televisionado à nação como presidente. Antes disso, enquanto a maquiagem era aplicada em preparo à sua aparição, ele estava em lágrimas. Quando começou seu discurso, já estava recomposto, e suas declarações foram insipidamente factuais: "Esta é a trigésima-sétima vez que falo com vocês deste escritório". Poucas pessoas que prestaram atenção nos meses anteriores teriam ficado muito surpresas pelo fato de que, enquanto falava, Nixon ainda se recusava a reconhecer qualquer responsabilidade real por Watergate e pelo acobertamento. O máximo que ele estava preparado para dizer era que "se alguns dos meus julgamentos estiveram errados, e alguns *estavam* errados, foram tomados com a crença na época de que eram pelo melhor interesse da nação". Ele até tentou apresentar sua iminente renúncia como um ato semi-heroico de autossacrifício. "Nunca fui alguém de desistir", disse ele. "Deixar o cargo antes do término do meu mandato é abominável para todos os instintos em meu corpo. Mas, como presidente, devo colocar os interesses da América antes de tudo." Quando seu discurso se aproximou do fim, ele afirmou que seu período no mandato lhe dera "um sentimento muito pessoal de parentesco com cada americano", e terminou com uma oração: "Que a graça de Deus esteja com todos vocês nos próximos dias".

Ele então seguiu para seus aposentos na Casa Branca, a princípio acompanhado por Kissinger, que lhe assegurou de que a história se lembraria dele como um grande presidente. "Isso vai depender de quem escreve a história", dizem que foi a resposta de Nixon. Ele ficou acordado até quase duas da madrugada, antes de dormir algumas horas em preparação para seu dia de saída. Depois de assinar a carta para Kissinger, ele seguiu com a família para se despedir do staff da Casa Branca. Com o som de *Hail to the Chief*, hino pessoal do presidente dos Estados Unidos, ressoando em seus ouvidos pela última vez, ele foi saudado pelas trezentas pessoas reunidas na Sala Leste com uma ovação de três minutos. "Partimos com grandes esperanças, de bom humor, com profunda humildade e com muita gratidão em nossos corações", ele falou antes de seguir em direção ao gramado sul e ao helicóptero presidencial. Enquanto embarcava, Nixon se virou brevemente e fez sua saudação padrão, com os dois braços estendidos e dois dedos em cada mão fazendo o "V" de vitória. "A última coisa que vimos dele como presidente", escreveu um repórter do *Guardian*, "foi sua mão direita flácida e balançando ocasionalmente, como um peixe moribundo, tentando acenar um adeus lacônico pelo vidro à prova de balas do brilhante helicóptero verde".

Apresentação na corda bamba

Nascido em Nemours, no norte da França, em 1949, Philippe Petit desenvolveu um imenso interesse por magia e malabarismo quando era adolescente, antes de ser apresentado à arte da corda bamba. Ele ficou imediatamente encantado, e a prática se tornou sua obsessão. Petit chegou às manchetes pela primeira vez em junho de 1971, quando conseguiu colocar uma corda bamba entre as duas torres de Notre-Dame, em Paris. Caminhando pelo cabo quase setenta metros acima do solo com a mesma facilidade que a maioria das pessoas têm ao fazer um passeio matinal, ele fazia malabarismos com bolas e respondia animadamente aos aplausos dos espectadores lá embaixo. No verão de 1973, ele estava no noticiário mais uma vez, depois de realizar um feito similar na ponte da Baía de Sydney.

No entanto, essas apresentações eram meros aperitivos para o que estava por vir, quando Petit empreendeu a façanha que de longe mais chamou a atenção. Tudo aconteceu na manhã de 7 de agosto de 1974, quando ele realizou uma série de rotinas em uma corda bamba presa entre as duas torres do World Trade Center, em Nova York. Era algo que ele planejava desde que era adolescente e lera notícias sobre o projeto de construção das torres em jornais franceses.

Nick Rennison

"Ali estava eu", ele lembrou mais tarde, "um jovem de dezessete anos, com um dente estragado, em uma daquelas salas de espera sem graça de um dentista francês [...]. De repente, fico paralisado, porque abro um jornal em uma página e vejo algo magnífico, algo que me inspira. Vejo duas torres, e o artigo diz que um dia elas serão construídas".

A façanha levou muito tempo para ser preparada. A primeira vez que ele viu de verdade as Torres Gêmeas, e não em fotografias, foi um castigo. "No minuto em que saí do metrô, subindo os degraus e olhando para elas", contou ele depois, "eu soube que elas não eram um sonho. Eu soube que meu sonho estava destruído instantaneamente... Impossível, impossível, impossível". Mas Petit se recuperou do choque e persistiu em seu plano. Acompanhado de seus sócios, ele fez dezenas de visitas às Torres Gêmeas para reconhecer e contrabandear o equipamento e as cordas que precisavam ser usadas na montagem da corda bamba. Ele até construiu um modelo em escala dos edifícios, a fim de ajudá-lo a projetar o equipamento do qual precisaria. Ele tinha alguém infiltrado no local: Barry Greenhouse, que tinha um escritório no 82º andar da torre sul.

Na noite anterior à caminhada, Petit e um grupo de conspiradores, vestidos como funcionários da construção civil, passaram pelos guardas com a parte mais volumosa do equipamento, incluindo a corda bamba em si, que foi alojada no escritório de Greenhouse. De lá, eles conseguiram alcançar o topo da torre, e então enfrentavam o problema de levar o cabo até a outra. O plano era disparar uma flecha pelo vão, presa a um pedaço de linha de pesca. Isso poderia ser usado para amarrar cabos de suporte cada vez mais fortes através do abismo, até finalmente colocar no lugar o cabo de aço por meio do qual Petit estava prestes a arriscar a vida. Logo depois do amanhecer, lá pelas sete horas, os preparativos estavam completos, e Petit deu os primeiros passos no cabo.

1974 | Agosto

Quase quatrocentos metros acima do chão, ele realizou uma série de manobras na corda bamba pelos 45 minutos seguintes, para deleite, horror e espanto dos espectadores. "Com uma barra de equilíbrio na mão", um jornal relatou, "ele caminhou pelo cabo de aço de quarenta e três metros de comprimento, e então decidiu fazer alguns truques — esticar o corpo, dobrar-se sobre um joelho, correr para a frente e para trás, e até mesmo se deitar". O trânsito parou na ponte do Brooklyn. As ruas ao redor do Trade Center se encheram de pessoas com os olhos para o alto, em direção à figura minúscula no cabo sobre elas. As autoridades estavam menos impressionadas do que a multidão. Policiais chegaram ao telhado das duas torres para persuadi-lo a abandonar a apresentação. Falaram de um helicóptero que viria retirá-lo do cabo, o que provavelmente teria sido uma ameaça maior à sua segurança do que o deixar prosseguir. Petit finalmente decidiu encerrar sua ousada apresentação após 45 minutos. Ele foi preso assim que desceu da corda bamba e, inicialmente, foi acusado de conduta desordeira e invasão criminosa. Mais tarde, o promotor distrital de Manhattan ofereceu abandonar o caso se Petit realizasse uma apresentação gratuita (e legal) de suas habilidades no Central Park. O equilibrista concordou.

Nos quase cinquenta anos que se seguiram, a performance ousada de Petit foi celebrada em diversas mídias, desde um livro infantil premiado (*The Man Who Walked Between the Towers* [*O homem que caminhou entre as torres*], de Mordicai Gersein) até *O equilibrista*, documentário aclamado, e *A travessia*, um filme de Hollywood lançado em 2015, dirigido por Robert Zemeckis e estrelando Joseph Gordon-Levitt como Petit. Certa vez um repórter perguntou ao verdadeiro Petit por que ele fizera a lendária caminhada. "Não há um porquê", Petit respondeu. "Se eu vejo laranjas, preciso fazer malabarismo com elas. Se eu vejo duas torres, tenho que caminhar entre elas."

Nick Rennison

Os RaMones fazem seu primeiro sHow no CBGB

Uma das bandas mais influentes da década de 1970 foi formada no bairro do Queens, em Nova York, no início de 1974. John Cummings e Thomas Erdelyi se conheciam da época em que tocaram juntos em uma banda no ensino médio, chamada Tangerine Puppets, que fizera algumas apresentações em 1966 e 1967. Douglas Colvin fez amizade com Cummings e Erdelyi no início dos anos de 1970 por compartilharem do mesmo gosto musical. Juntamente com Jeff Hyman, que então cantava em uma banda chamada Sniper, eles se tornaram os quatro membros fundadores dos Ramones.

Colvin já tinha decidido adotar o nome de Dee Dee Ramone. Dizia-se que o nome vinha de um pseudônimo (Paul Ramon) que Paul McCartney usava no início dos Beatles. "É um bom nome", disse ele a um entrevistador, em 1975. "Soa bem." Os demais fizeram o mesmo. Cummings se tornou Johnny Ramone; Erdelyi adotou o nome de Tommy Ramone; e Hyman, o de Joey Ramone.

A primeira vez dos Ramones diante de uma plateia foi no início do ano, mas sua apresentação marcante ocorreu no clube CBGB em 16 de agosto, no East Village, em Manhattan. As letras do nome do clube vinham inicialmente de Country, Blue Grass e Blues, mas o CBGB rapidamente se tornou um dos centros para uma nova onda de rock, logo apelidada de "punk". Talking Heads, Blondie e Patti Smith eram apenas alguns dos nomes famosos que, nas palavras do jornalista musical Everett True, "aperfeiçoaram suas apresentações naquele palco minúsculo e com banheiros lendariamente imundos". O lugar tinha outras vantagens. Como True fala em sua biografia dos Ramones: "Era barato. As bandas eram baratas. A cerveja era barata. Os clientes não queriam gastar muito. As *groupies* eram abundantes".

Segundo Hilly Kristal, lendário proprietário do CBGB, os Ramones inicialmente "eram a banda mais descombinada que eu já

1974 | Agosto

ouvi. Eles ficavam começando e parando — o equipamento quebrava... Era uma zona". Ele lembra que "eles tocavam por quarenta minutos [...] dos quais vinte eram só com os membros da banda gritando uns para os outros". Apesar (ou talvez por causa) da imprevisibilidade, eles ficaram populares. Foram tocar no CBGB mais 22 vezes antes do final do ano. O repertório, que um compositor chamou de "músicas curtas e furiosas, tocadas em uma velocidade apavorante", se provou altamente influente.

O falecido Joe Strummer, vocalista do The Clash, descreveu os Ramones como "a banda de punk mais importante de todos os tempos". Foi só em 1976 que seu primeiro álbum de estúdio, *Ramones*, foi lançado, e seria seguido por mais treze ao longo dos dezenove anos seguintes. Eles apareceram no filme de 1979, *Rock 'n' Roll High School*, interpretando a faixa-título, e tiveram uma breve e infeliz colaboração com o lendário, mas infame, produtor Phil Spector. Depois de mais de 2250 shows, eles se separaram, fazendo sua última apresentação em 6 de agosto de 1996, em Los Angeles. Todos os quatro Ramones originais (Joey, Dee Dee, Johnny e Tommy) já são falecidos, mas seu legado vive e, em certo sentido, começou numa noite em agosto de 1974, em um clube de Manhattan.

Turistas encalhados

Os anos 1960 e 1970 foram as décadas em que os pacotes de férias para o exterior realmente decolaram na Grã-Bretanha. Milhares de pessoas comuns, que antes nunca tinham ido mais além do que até cidade costeira mais próxima, descobriram que podiam pagar para ir até a Espanha e as Ilhas Baleares, e que as agências de viagem e companhias aéreas baratas estavam felizes em levá-las. Cidades turísticas como Benidorm e Torremolinos se tornaram tão familiares para muitos turistas quanto Blackpool e Scarborough. Foi em 1974 que aquele hino brega ao sol, mar e romance de férias, "Y Viva España" (na verdade escrito por um belga e interpretado pela sueca Sylvia Vrethammar), passou semanas nas paradas de sucesso do Reino Unido. Entretanto, também foi o ano em que a Court Line Aviation faliu, deixando milhares de turistas britânicos presos em lugares distantes.

A Court Line havia começado como uma empresa de navegação na primeira década do século XX, e passou para o ramo de aviação de carreira na década de 1960, comprando uma companhia chamada Autair. Em 1974, em conjunção com a agência de turismo Clarksons Holidays, que a Court Line havia adquirido, tornou-se uma das maiores operadoras no ramo sempre crescente de pacotes de viagem.

A empresa conseguiu alcançar esse status por meio da inovação e da disposição em tentar coisas que outras linhas aéreas mais simples jamais fariam. Sua frota de aviões a jato BAC 1-11, por exemplo, era pintada em uma variedade de cores pastéis atraentes. A equipe de bordo feminina usava uniformes desenhados por Mary Quant, criadora da minissaia na década de 1960. A comida era fornecida em caixas presas aos assentos da frente, das quais os clientes podiam se servir quando quisessem, embora pudessem ficar desapontados em descobrir que não continham muito mais que sanduíches de carne enlatada.

A companhia aérea podia até estar adotando novas ideias, mas também, ainda que pouca gente soubesse, estava à beira da falência. Por uma variedade de motivos, desde os aumentos imensos no custo do diesel até a conscientização das pessoas sobre a inflação cotidiana, as viagens de férias, que haviam crescido em número quase que continuamente ao longo da década anterior, na verdade tiveram uma queda em 1974. A Court Line não tinha se planejado bem para isso e enfrentava dificuldades. Em 13 de agosto, o secretário de Relações Exteriores, Jim Callaghan, advertiu as embaixadas britânicas ao redor

1974 | Agosto

do mundo de que havia problemas pela frente. Dois dias mais tarde, a Court Line foi à falência. Todos os seus voos foram cancelados, os aviões não decolaram, mil e quinhentos funcionários perderam o emprego da noite para o dia, e dezenas de milhares de turistas que tiveram o azar de fazer suas viagens de verão com a Court Line e a Clarksons ficaram sem saber como voltariam para casa.

Além disso, mais milhares de outras viagens pela Clarksons já tinham sido pagas com antecedência. Houve cenas furiosas nos escritórios da empresa em Londres, onde um cordão de policiais foi formado para impedir que clientes indignados invadissem uma reunião do conselho exigindo saber por que o dinheiro continuava a ser tirado deles enquanto os diretores já deviam estar cientes do desastre que se assomava.

Manchetes dramáticas nos jornais sugeriam que alguns britânicos teriam que esperar um bom tempo antes de voltarem para casa. Na verdade, as missões para resgatar quem estava preso na Espanha e em mais de vinte outros países foram, em grande parte, muito exitosas. Muitas pessoas que estavam no meio das férias conseguiram terminá-las e pegar seus voos para casa sem dificuldades.

Foi encontrado dinheiro para financiar o retorno de quem estava no exterior, mas não o suficiente para reembolsar os quase 100 mil clientes que pagaram antecipadamente pelas férias. O colapso da Court Line resultou em mudanças significativas para garantir que os turistas nunca mais tivessem que enfrentar tantos inconvenientes e perdas financeiras no futuro.

A Associação de Agências de Turismo Britânicas melhorou seu esquema de proteção ao consumidor e, no ano seguinte, foi aprovada uma legislação que criava o Fundo de Reservas para Viagens de 1975, garantindo que o dinheiro estivesse disponível para reembolsar viajantes que pagaram antecipadamente por férias perdidas em circunstâncias similares.

Nick Rennison

🌀 Windsor Free FEstIVaL

No verão de 1974, um festival gratuito de música foi planejado para ocorrer no Windsor Great Park, uma área comum abaixo do castelo de Windsor, mas que havia muito fora integrada ao patrimônio da Coroa. O evento ocorreria, de fato, no quintal dos fundos do palácio. Era o terceiro festival desse tipo. O principal organizador era o irlandês Ubi Dwyer, anarquista e ativista da contracultura. O primeiro festival ocorrera dois anos antes e, apesar dos esforços de Dwyer para divulgá-lo, não fora um sucesso marcante. Menos de mil pessoas apareceram, e o evento terminou muito antes do que Dwyer e seus amigos esperavam.

Implacável, ele tentou novamente no verão de 1973. Assim como no ano anterior, ele não se preocupou com formalidades triviais, tais como pedir permissão para a Coroa. "O festival [...] é uma revolução", disse ele a um jornal local. "Queremos uma nova sociedade." A Coroa não queria, e proibiu o festival com antecedência. A proibição teve pouco efeito notável e, dessa vez, o público que compareceu foi muito melhor. Estima-se que o número tenha ficado por volta de 10 mil e 20 mil presentes. Muitos deles permaneceram por nove dias. A polícia também esteve presente, e ocorreram vários confrontos feios entre os policiais e os participantes do festival. Foram feitas quase trezentas prisões, a maioria por uso de drogas.

O terceiro Windsor Free Festival fora programado para durar dez dias, mas teve um final abrupto na manhã do sexto dia, uma quarta-feira, 28 de agosto. Os policiais vinham marcando presença significativa desde o início, e ergueram barreiras de metal na tentativa de impedir o acesso de veículos. (Os planos iniciais de cercar o local com arame farpado, ou mesmo inundá-lo temporariamente com o esgoto, foram abandonados.) Havia policiamento por toda parte. "Quando começamos a caminhar até o local do festival, o número de policiais enfileirado na beira da estrada era simplesmente IMENSO", um dos participantes relembrou. "Parecia haver um policial a cada quinze metros, mais ou menos." Policiais disfarçados se misturavam à multidão, ainda que "pudessem ser notados a um quilômetro de distância por causa dos cabelos curtos e das roupas horríveis".

Não demorou para que o homem responsável pelo policiamento, o chefe de polícia David Holdsworth, visse o suficiente. Aos olhos dele, o festival "não era nada além de uma gigantesca violação da paz, induzida por drogas". Como ele mesmo disse no inquérito oficial do ano seguinte: "Mudei de ideia quanto a contê-lo, e decidi acabar com ele de vez".

Centenas de policiais do Vale do Tâmisa invadiram o local, e os participantes receberam dez minutos para irem embora. Muitos resolveram ficar, e a polícia passou a agir de forma surpreendentemente agressiva. "A polícia [...] se lançou contra a multidão", relatou uma das testemunhas. "A linha de frente da polícia tinha cassetetes em punho que eram brandidos contra qualquer um que estivesse em seu caminho." Várias centenas de participantes do festival foram presos, muitos deles sem motivos. "Não sei por que a polícia ficou tão violenta", uma testemunha disse a um repórter da BBC. "As pessoas eram jogadas para dentro dos camburões da polícia sem motivo."

Os jornais dos dias que seguiram o final violento do festival de Windsor, talvez de modo surpreendente, foram simpáticos com aqueles que estavam no que o *Times* chamou de "busca lânguida por música e sol". "A polícia foi dura demais?", era a pergunta da manchete no *Sun*, aparentemente esperando a resposta "sim". O colunista do *Times* concluiu seu artigo argumentando que festivais eram "basicamente reuniões amistosas, nas quais um certo grau de tolerância podia ser adotado". George Melly, em um texto publicado em um jornal de domingo alguns dias depois, lamentou o que via ser o fim da cultura alternativa da década de 1960. "O último bastião [...] era o festival gratuito em Windsor semana passada e [...] a lei avançou com cacetetes e fechou tudo."

Nick Rennison

O desAstre de trEm em ZagrEb

O que foi descrito como o pior acidente na história da Croácia ocorreu em 1974. Cerca de 19h45 do dia 30 de agosto, um trem expresso, indo de Belgrado, no que então era a Iugoslávia, até Dortmund, na Alemanha Ocidental, se aproximou da estação central de Zagreb, viajando com um excesso de velocidade de mais de 60 km/h para aquele trecho da jornada. O trem não conseguiu diminuir no sinal vermelho, e os condutores, percebendo repentinamente o perigo, acionaram desesperadamente os freios, mas já era tarde demais. Ainda que a locomotiva da frente tivesse permanecido nos trilhos, todos os nove carros de trás descarrilharam, e vários deles tombaram por completo.

Dos quatrocentos passageiros, pelo menos 153 foram mortos. (Alguns relatos falam em um saldo de mortos ainda maior.) Pelo menos quarenta dessas vítimas ficaram tão mutiladas no acidente que não puderam ser identificadas. Sem o reconhecimento de nenhum membro da família, acabaram enterradas em uma vala comum no Cemitério Mirogoj, em Zagreb, onde há agora um monumento para as vítimas do acidente, obra do renomado escultor iugoslavo Vojin Bakić. A maioria dos mortos no acidente eram *gastarbeiter* iugoslavos, trabalhadores que tinham migrado para a Alemanha e que agora voltavam para a área em que tinham seus empregos, depois de passarem as férias de verão em seu país natal. Muitos deles levavam as esposas e os filhos consigo. Segundo os sobreviventes, o expresso viajava rápido demais muito antes de se aproximar da estação. "Pelo menos duas horas antes de chegarmos a Zagreb, eu disse para meu marido: 'Vamos acabar saindo dos trilhos'", uma mulher disse para um repórter ainda na cama de um hospital.

No dia seguinte, 31 de agosto, foi declarado luto nacional. Então coube às autoridades descobrirem como e por que a tragédia ocorrera. Imediatamente após o acidente, amostras de sangue foram coletadas do condutor e do restante da tripulação para descobrir se alguém tinha ou não bebido. Mas logo ficou aparente que, embora um dos passageiros tenha sido citado dizendo que "o motorista devia estar bêbado ou louco", o álcool não fora o culpado pelo desastre. Era o cansaço. No inquérito sobre o acidente, o condutor e seu assistente afirmaram que os freios tinham falhado, mas os investigadores tiveram êxito em argumentar que esse não podia ser o caso. Em testes posteriores, ficou claro que, se o trem estivesse viajando na velocidade recomendada, o acidente não teria acontecido. Os dois homens foram indiciados por homicídio culposo e admitiram, durante o curso do julgamento, que tinham adormecido. O fato de estarem sofrendo de exaustão após trabalharem por 52 horas consecutivas foi considerado uma circunstância atenuante, mas eles foram condenados a penas de prisão: o condutor a quinze anos e seu assistente, a oito anos.

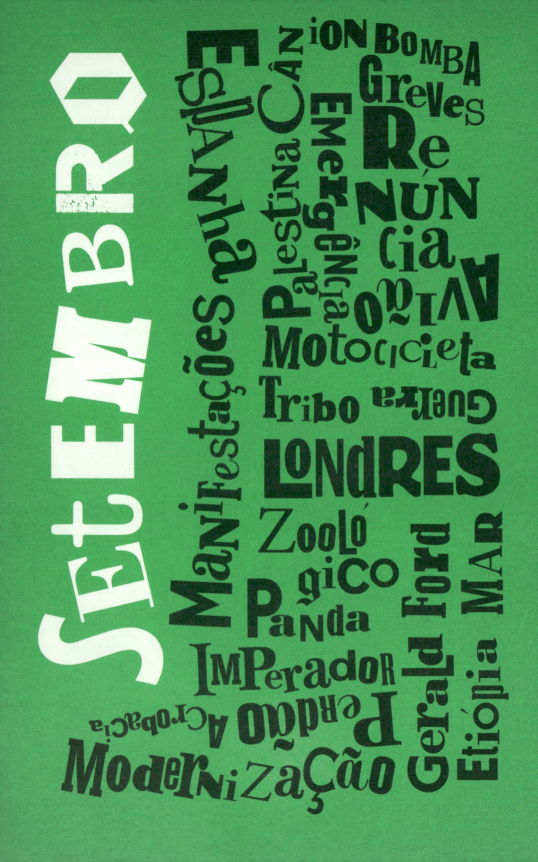

Haile Selassie, imperador da Etiópia, é deposto depois de 44 anos no trono. Nos Estados Unidos, o presidente Gerald Ford garante a seu antecessor, Richard Nixon, um "perdão completo, gratuito e absoluto" por quaisquer irregularidades no cargo. Um voo da TWA que ia de Tel Aviv a Nova York despenca no mar. Dois pandas chegam ao zoológico de Londres, um presente do governo chinês. Uma tribo nativo-americana declara guerra contra o governo dos Estados Unidos e conquista uma vitória significativa. O audacioso Evel Knievel tenta saltar o cânion do rio Snake em uma motocicleta impulsionada por um foguete. Na Espanha, os separatistas bascos explodem uma bomba em um café de Madri.

Haile SelASsie é DepOSto

Em 1974, Haile Selassie já era imperador da Etiópia havia mais de quatro décadas. Tafari Makonnen, como era conhecido originalmente, nasceu em uma família aristocrática que afirmava poder traçar sua linhagem até um filho do rei Salomão e da rainha de Sabá, em 23 de julho de 1892. Tornou-se imperador em 1930, assumindo o nome pelo qual é mais conhecido agora e que pode ser traduzido como "Poder da Trindade". Foi obrigado a seguir para o exílio depois que a Itália invadiu seu país seis anos mais tarde, passando grande parte de seu tempo em uma casa na cidade inglesa de Bath.

Em janeiro de 1941, conseguiu voltar para a Etiópia, onde uma força combinada de etíopes e britânicos retomou o poder no país, após uma campanha que durou vários meses, e o restabeleceu como imperador. Nos anos que se seguiram, ele empreendeu diversas reformas — sociais, econômicas e educacionais —, em um esforço para modernizar o país sem jamais abdicar de seu poder pessoal. Oposições ao seu regime às vezes se insurgiam — soldados dissidentes tomaram brevemente o controle de partes da capital do país, Addis Ababa, em 1960, por exemplo —, mas eram rapidamente reprimidas.

No início da década de 1970, depois de quatro décadas no poder, Haile Selassie, outrora o campeão das reformas em seu país, se tornara o obstáculo que impedia o avanço de novas modernizações. O golpe que enfim o derrubou vinha evoluindo lentamente durante a maior parte do ano. Tanto a população civil quanto os militares, dos quais o poder contínuo do imperador dependia, estavam ficando inquietos.

Greves e manifestações estudantis atingiram a capital da nação, Addis Ababa, em fevereiro. Em meados desse mesmo mês, o próprio imperador teve que interferir para reprimir um pequeno motim de soldados na cidade, visitando-os nos quartéis para prometer um aumento de salário e melhores condições. No entanto, novos motins eclodiram em guarnições por todo o país, e as manifestações estudantis continuavam. No final de fevereiro, todo o gabinete de ministros de Selassie tinha renunciado, e o exército estava efetivamente no controle de Addis Ababa.

O imperador indicou um novo primeiro-ministro: Endalkachew Makonnen, educado em Oxford e cujo pai ocupara a mesma posição duas décadas antes. Makonnen defendia reformas que teriam transformado a Etiópia, de fato, em uma monarquia constitucional, mas tanto ele quanto o imperador permaneceram cegos em relação aos perigos crescentes para a própria existência do regime. "Depois de março", um historiador do país escreveu, "a direção tomada foi a da revolução".

No final do mês de junho, foi criado o Comitê Coordenador das Forças Armadas, conhecido popularmente como *derg*, palavra amárica para "comitê". Ainda que o *derg* tenha emitido repetidas garantias de lealdade ao imperador nos dois meses seguintes, ele estava trabalhando, na verdade, para minar todas as instituições sobre as quais repousavam os alicerces da monarquia. Makonnen se viu então obrigado a abdicar do poder em julho, e acabou sendo substituído por um homem que era pouco mais que uma marionete do *derg*.

No início da manhã de 12 de setembro, um pequeno grupo de oficiais chegou ao palácio. Vestido com uniforme completo, Haile Selassie ouviu um deles, expressando-se com notável nervosismo,

1974 | Setembro

ler o decreto de deposição. O imperador concordou em renunciar como governante do país, em nome dos melhores interesses de seu povo, e foi escoltado para fora do palácio e levado para um dos edifícios do quartel-general do exército.

Depois da revolução, o jornalista polonês Ryszard Kapuściński entrevistou antigos membros da corte — muitos deles estavam escondidos e temiam por suas vidas. Com esses relatos, o que foi revelado foi uma corte que, apesar do zelo reformista de Haile Selassie durante sua juventude, era quase feudal considerando seus rituais e cerimônias.

Algumas das pessoas que Kapuściński entrevistou tinham tarefas muito específicas, que precisavam realizar a fim de cumprir o protocolo e garantir o conforto do imperador. Um homem, identificado apenas como AM-M, por exemplo, tinha como tarefa proteger a terceira porta no Salão de Audiências. Seu principal trabalho resumia-se a abrir essa porta no momento exato para permitir que Haile Selassie deixasse o aposento sem comprometer sua "dignidade senhorial", tendo que diminuir o passo ou (Deus o livre!) sendo obrigado a parar.

Outro, GS-D, foi "o portador da almofada de Sua Mais Virtuosa Alteza durante vinte e seis anos". Haile Selassie era um homem consideravelmente baixo em um trono alto, e sempre havia o perigo de que suas pernas ficassem penduradas no ar. A tarefa de GS-D era colocar uma almofada sob o calçado imperial para garantir que isso jamais acontecesse.

A corte e a capital do país também eram lugares de intrigas, traições e conspirações infinitas. "O palácio se dividia em facções e círculos que travavam guerras incessantes", um entrevistado declarou, "enfraquecendo e destruindo uns aos outros". Todos os cortesãos viviam em uma atmosfera de medo e desconfiança. "Eles não tinham proteção alguma além do imperador, e o imperador podia se desfazer deles com um único aceno de mão." Eram todos dependentes dos caprichos de Haile Selassie. "Sua Majestade nunca fez nomeações com base nos talentos dos homens, mas sempre e exclusivamente baseado em sua lealdade", outro entrevistado garantiu. Como consequência, "a luta por um lugar ao ouvido do imperador nunca acabou". Não é de estranhar que a revolução etíope tenha acontecido, o que surpreende é o regime ter durado tanto quanto durou.

Haile Selassie sobreviveu por menos de um ano ao golpe que o derrubou. O antigo imperador morreu em agosto de 1975, aos 83 anos. A causa oficial da morte foi falência respiratória, como resultado de complicações de uma cirurgia de próstata. Rumores de que ele fora, na verdade, estrangulado em sua cama proliferaram, mas parece improvável que sejam verdadeiros.

Ford perdoa Nixon

Após a renúncia de Nixon, em agosto (ver p. 153), o vice-presidente Gerald Ford assumiu seu cargo. Em sua cerimônia de posse, o novo presidente declarou: "Meus compatriotas americanos, nosso longo pesadelo nacional acabou". Ele estava sendo otimista demais. A sombra de Nixon e do escândalo Watergate não desapareceria da noite para o dia. Ela ainda pairava sobre o governo e a percepção da nação quanto à honestidade e confiabilidade de seus legisladores.

Um dos primeiros problemas que Ford precisou enfrentar como presidente era o que fazer com seu predecessor. Ele falou sobre isso em um discurso televisionado, em 8 de setembro: "Cheguei a uma decisão", disse ele à audiência, "e senti que devia contá-la para você e para todos os meus concidadãos americanos, assim que tive certeza em minha mente e soube com minha consciência que era a coisa certa a fazer".

1974 | Setembro

A decisão que ele tomara era bastante simples: garantir a Nixon "um perdão completo, gratuito e absoluto". A renúncia de Nixon no mês anterior fora imposta a ele pelas implacáveis revelações de Watergate e pela crescente ameaça de que, se não fizesse isso, acabaria sofrendo um impeachment. Ford só fora vice-presidente de Nixon durante oito meses. Tinha substituído Spiro Agnew, que tinha sido obrigado a entregar a própria renúncia no ano anterior devido a constrangedoras acusações de sonegação de imposto de renda e corrupção.

Como Ford corretamente declarou: "Não há precedentes históricos ou legais nos quais eu possa me basear neste tema". No entanto, quando prosseguiu falando dos Nixons "em cuja tragédia americana todos nós desempenhamos um papel", Ford estava em terreno menos seguro. Isso porque grande parte de sua audiência deve ter questionado o uso da palavra "tragédia" ligada a Nixon, e se perguntado de que forma todo mundo nos Estados Unidos tinha desempenhado um papel no acobertamento do crime de um ex-presidente, e depois nas mentiras persistentes sobre seu próprio envolvimento nesse acobertamento. Poucos dos que assistiam à declaração devem ter discordado das palavras seguintes de Ford: "Isso pode continuar indefinidamente, ou alguém deve colocar um fim nisso. Concluí que somente eu posso fazer isso, e, se posso, é o que devo fazer".

Dez minutos depois de Ford terminar seu discurso, Nixon divulgou sua própria declaração, agradecendo ao novo presidente por seu "ato de compaixão" e afirmando que "nenhuma palavra pode descrever a profundidade do meu arrependimento e dor pela angústia que meus erros sobre Watergate causaram à nação e à presidência". Os sentimentos de Nixon a respeito do perdão eram, na verdade, ambivalentes. Sim, ele fora salvo de maiores humilhações e da possibilidade real de um julgamento por seus crimes. No entanto, um perdão completo, gratuito e absoluto implicava que houvera um delito grave, e Nixon era incapaz de admitir a culpa por algo que, para cle, não passava de simples "erros" em suas ações no Watergate. "Ao lado da renúncia", ele escreveu mais tarde, "aceitar o perdão foi a decisão mais dolorosa da minha carreira política".

Por toda a nação, como já era de esperar, o perdão concedido foi bastante controverso. No *New York Times*, foi descrito como "um ato profundamente imprudente, desagregador e injusto". Os índices de aprovação do novo presidente, inicialmente altos, despencaram. Um aliado próximo, o jornalista Jerald terHorst, que Ford indicara um mês antes como assessor de imprensa, renunciou em protesto à decisão. "Por mais que eu tente", escreveu ele em sua carta de demissão, "é impossível concluir que o ex-presidente seja mais merecedor de misericórdia do que pessoas com posições inferiores na vida, cujas ofensas tiveram muito menos efeito no nosso bem-estar nacional".

Muitos historiadores do período acreditam que a concessão do perdão foi, no mínimo, um fator que contribuiu para a derrota de Ford para Jimmy Carter nas eleições presidenciais de 1976.

O voo 841 da TWA

O voo 841 da TWA decolou do Aeroporto Internacional Ben Gurion em Tel Aviv no domingo, 8 de setembro, em um voo regularmente agendado para o Aeroporto John F. Kennedy, em Nova York. O avião aterrissou primeiro em Atenas, onde alguns passageiros desceram e outros embarcaram. Depois de pouco mais de uma hora no aeroporto grego, ele decolou para Roma, onde faria uma última escala antes de seguir pelo Atlântico. Ao deixar a Grécia continental para trás, o piloto reportou que um dos motores estava em chamas e que ele pretendia seguir até a ilha de Corfu,

1974 | Setembro

na esperança de fazer um pouso de emergência ali. Pouco depois, os controladores de tráfego aéreo haviam perdido contato com a cabine do avião.

Cerca de meia hora depois de deixar Atenas, aproximadamente cinquenta milhas náuticas a oeste da ilha da Cefalônia, o voo 841 da TWA mergulhou no mar Jônico, matando todos os 79 passageiros e os nove membros da tripulação. O desastre foi testemunhado pela tripulação de outra aeronave, que reportou que o avião primeiro havia feito uma subida íngreme no céu, antes que um motor claramente caísse de sua asa. Imediatamente depois disso, o voo 841 virou de costas e então começou uma descida íngreme e em espiral rumo ao mar. Os serviços de resgate na Grécia e em Brindisi, a cidade italiana mais próxima, foram alertados, mas navios operando na área foram os primeiros a chegar à cena do acidente. Detritos flutuavam na superfície do mar, mas não havia sinais de sobreviventes.

No início, apesar de uma organização palestina reivindicar a responsabilidade, parecia improvável que a queda fosse resultado de sabotagem. No entanto, investigações mais aprofundadas do Conselho Nacional de Segurança nos Transportes, dos Estados Unidos, provaram que de fato havia uma bomba escondida no porão do avião. A explosão destruíra os cabos que controlavam o sistema de leme da aeronave, e isso causou a queda.

Um exame posterior, feito por uma equipe de especialistas em bomba britânicos, revelou dois fragmentos minúsculos de metal embutidos em uma mala retirada dos destroços. Análises científicas mostraram que a velocidade com a qual aqueles pedaços de metal tinham atingido a mala só podia ser resultado da explosão de uma bomba. Sugeriu-se que Abu Nidal, líder do grupo terrorista palestino mais implacável nos anos 1970 e 1980, pudesse estar envolvido na destruição do voo 841, mas essa suspeita nunca foi definitivamente confirmada.

Nick Rennison

PandaS no Zoológico de LonDres

Em setembro de 1974, já fazia mais de dois anos que o Zoológico de Londres não tinha pandas gigantes para serem admirados pelos visitantes — o panda anterior, Chi Chi, havia sido uma das principais atrações do zoológico por muitos anos, mas morrera em julho de 1972. No dia 14 daquele mês, dois substitutos foram transportados em um avião vindo da China, cortesia do governo de Mao Tsé-Tung. Os pandas foram enviados como um presente para Ted Heath após sua visita bem-sucedida ao país, em maio de 1974, logo depois de ter sido expulso de Downing Street e se tornado líder da oposição. A China já há bastante tempo usava o que tem sido apelidado de "diplomacia do panda", e a chegada de Ching-Ching e Chia-Chia marcou um degelo nas relações entre o Reino Unido e a China comunista.

No início, o zoológico não estava muito feliz com a perspectiva da chegada dos pandas. Esperava-se que a instituição pagasse as viagens aéreas de Ching-Ching e Chia-Chia, e não era uma quantia pequena. Lord Zuckerman, secretário da Sociedade Zoológica de Londres, na época chegou a fazer uma visita ao primeiro-ministro, na qual, segundo um funcionário público presente, disse que "ser o agente de demonstração da amizade entre os governos britânico e chinês está provando ser um negócio bem caro".

Os recém-chegados, como todos os pandas gigantes, provaram ter um paladar bastante exigente, insistindo em comer apenas um tipo especial de bambu, que era despachado para eles em um trem da Cornualha duas vezes por semana. O zoológico também precisou providenciar dois rinocerontes brancos para serem enviados à China como presente recíproco da Grã-Bretanha. Embora tivessem uma manutenção cara, os pandas logo demonstraram seu valor. Logo nas semanas depois que chegaram ao zoológico, as visitas ao lugar dobraram.

Uma vez que Ching-Ching era fêmea e Chia-Chia, macho, a esperança era que pudessem procriar, mas a ideia começou a desaparecer quando o par não demonstrou interesse romântico um no outro. "A vida deles é comer e dormir", um tratador do zoológico observou, e eles pareciam não ter tempo para mais nada. Depois de vários anos, durante os quais nenhum dos pandas demonstrou qualquer interesse amoroso no outro, o zoológico decidiu que medidas drásticas eram necessárias.

Em 1981, enquanto Chia-Chia passava por um período sabático em Washington D.C., na esperança de que pudesse ter êxito no cruzamento com outra fêmea que estava lá (isso não aconteceu), Ching-Ching foi inseminada artificialmente. Por um tempo pareceu que tinha dado certo, e o zoológico anunciou que ela poderia estar prenha. Enquanto mais e mais visitantes iam vê-la, foi planejada a instalação de um circuito interno de televisão para gravar o momento do nascimento. Infelizmente, tudo acabou sendo um alarme falso e uma prenhez falsa. Ching-Ching estava destinada a jamais ser mãe. Ela morreu de peritonite em 1985. Chia-Chia foi enviado ao México para participar de outro programa de procriação de pandas, onde finalmente gerou vários filhotes. Ele morreu em 1991.

Uma bomba explode na Cafeteria Rolando na Espanha

O assassinato de Luis Carrero Blanco, primeiro-ministro e confidente de longa data do general Franco, em dezembro de 1973, e apelidado "Operação Ogro" por seus perpetradores, abalou a sociedade espanhola e enfatizou a crescente fragilidade do regime franquista. Um abalo maior ao sistema viria em 13 de setembro do ano seguinte, quando uma bomba explodiu na Cafeteria Rolando. Situada na Calle del Correo, o café se tornara alvo porque estava perto do quartel-general da polícia espanhola, e tinha muitos policiais entre seus clientes. A bomba, que consistia em trinta quilos de dinamite embrulhados com fragmentos metálicos que funcionariam como estilhaços, explodiu pouco depois das 14h30, na entrada do café.

A estrutura do edifício ficou seriamente danificada. O teto do café desabou. As pessoas no primeiro andar caíram no piso térreo. Carros estacionados na rua ficaram destruídos. Uma dúzia de pessoas, incluindo um casal recém-casado e dois funcionários do café, morreram instantaneamente, e mais de setenta pessoas ficaram feridas. Nenhuma das doze vítimas era policial, embora o inspetor Félix Pinel tenha sofrido um ferimento na cabeça que levou à sua morte dois anos depois. A explosão da bomba na Cafeteria Rolando foi o primeiro ataque terrorista indiscriminado desse tipo que a Espanha via desde o final da Guerra Civil, mais de três décadas antes.

Presumiu-se que o crime atroz fosse obra do grupo separatista basco ETA ("Euskadi Ta Askatasuna", que pode ser traduzido aproximadamente como "País Basco e Liberdade"), embora eles não tenham assumido a responsabilidade na época, como tinham feito no assassinato de Carrero Blanco. A ausência de qualquer admissão imediata de culpa por alguém e o fato de que nenhum policial estivesse entre os que morreram inicialmente na explosão alimentaram teorias conspiratórias. Algumas pessoas se perguntavam se a bomba tinha sido plantada por elementos de extrema direita da própria força policial. Espalharam-se rumores de que uma circular interna do quartel-general da polícia advertira os policiais a não comerem no restaurante naquele dia. Na verdade, como a maioria das teorias da conspiração, havia pouca evidência para corroborar tais afirmações e, apesar de nenhum policial ter morrido na cena do crime, vários ficaram bastante feridos, incluindo o segundo em comando da polícia política franquista.

1974 | Setembro

Nos meses que se seguiram à explosão da bomba, dissensões internas no ETA resultaram em uma divisão da organização, entre aqueles que estavam preparados para tolerar mais ações como aquela e os que acreditavam que elas eram contraproducentes. As autoridades se moveram rapidamente para prender simpatizantes conhecidos do ETA. Entre os presos por suposta cumplicidade no atentado estava Eva Forest, uma escritora política e esposa de Alfonso Sastre, um dos principais dramaturgos espanhóis do século XX e crítico ferrenho do regime de Franco. Ela foi mantida na prisão até 1977, quando uma anistia foi declarada para todos os prisioneiros políticos encarcerados durante o governo de Franco.

Ainda existem muitas questões não respondidas sobre o atentado à bomba na Cafeteria Rolando, e foi só bem recentemente, em 2018, que uma ala do ETA reconheceu tardiamente o envolvimento do grupo. É provável que a bomba fora deixada no café por dois jovens bascos que entraram se passando por clientes, colocaram o dispositivo conectado a um timer sob uma mesa e foram embora.

A GuErra de Kootenai

Em 20 de setembro, os 67 membros da tribo Kootenai, de Idaho, declararam formalmente guerra contra os Estados Unidos. Foi uma última tentativa para chamar a atenção para a perda de terra que vinham sofrendo ao longo dos anos e para as péssimas condições nas quais eram obrigados a viver. Casas que tinham sido construídas na década de 1930 estavam agora em ruínas e sujeitas às condições climáticas. Serviços médicos e oportunidades educacionais eram poucos ou quase inexistentes. Os kootenai queriam o reconhecimento federal como tribo, a fim de conseguirem ajuda para melhorar suas condições de vida. O gatilho para sua ação foi a morte de um ancião da tribo, vítima de hipotermia, em sua casa caindo aos pedaços e sem calefação. Liderados por uma mulher de 38 anos chamada Amy Trice, que fora eleita porta-voz da tribo, os kootenai decidiram que medidas urgentes eram necessárias. Uma carta foi escrita para o Escritório de Assuntos Indígenas, pedindo uma doação para construir novas casas e uma estrada melhor. O Escritório respondeu que uma tribo precisava ter pelo menos 125 membros para se qualificar para ajuda financeira, e não havia nada que eles pudessem fazer para ajudar. Em uma última e desesperada tentativa de lançar luz sobre a situação, os kootenai fizeram sua declaração de guerra contra os Estados Unidos. "Então nós dissemos, 'Vamos para a guerra'", lembrava Trice. "Dissemos como brincadeira, mas ficou sério." A guerra, ao contrário de quase todas as outras guerras da história, envolveu pouca ou nenhuma violência, embora a ameaça estivesse presente no início. "A polícia estadual veio com spray de pimenta e espingardas de cano curto", disse Trice. "A coisa mais próxima que tínhamos de uma arma na sede da nossa tribo era um mata-moscas."

Em vez de pegar em armas ou mesmo em mata-moscas, membros da comunidade foram enviados para a rodovia federal 95, que passava por terras tribais perto da pequena cidade de Bonners Ferry. Eles seguravam cartazes pintados à mão que diziam: "Você está entrando na reserva Kootenai, pedágio de dez centavos". Foram emitidos "títulos de guerra" especialmente projetados e assinados por Trice. Dinheiro para apoiar as ações da tribo começou a entrar, com doações chegando de várias partes do mundo, conforme as notícias da "guerra" se espalhavam.

Os anos 1970 viram o que um historiador chamou de "onda de ativismo" dos nativo-americanos, que queriam garantir sua soberania tribal e exigir os direitos conquistados em tratados anteriores. Em fevereiro de 1973, mais de duzentos Oglala Sioux e membros do Movimento Indígena Americano haviam ocupado o município historicamente significativo de Wounded Knee. Agentes do FBI, agentes federais, policiais do Escritório de Assuntos Indígenas e um pequeno exército de oficiais de outras forças da lei cercaram o lugar, e o impasse que se seguiu durou mais de setenta dias. Dois dos ativistas nativo-americanos foram baleados e mortos durante o cerco, e um agente federal sofreu ferimentos que deixaram sequelas significativas em uma troca de tiros. As autoridades não desejavam ver em Idaho uma repetição dos acontecimentos de Wounded Knee. A "guerra" Kootenai agora era séria o bastante para merecer a atenção do novo presidente dos Estados Unidos, Gerald Ford. Depois que Amy Trice liderou uma delegação até Washington D.C., ele colocou seu nome em um projeto de lei que garantia aos kootenai doze acres e meio de terras federais para criarem uma nova reserva. O dinheiro foi fornecido para a construção de uma estrada para a reserva e de um centro comunitário. Além disso, as autoridades concordaram em gastar 7 mil dólares por membro da tribo para melhorar as condições de vida dos kootenai.

Nas décadas após 1974, os kootenai mais do que dobraram em número; um cassino, aberto em 1996, trouxe mais renda para eles, e a tribo se envolveu em vários projetos, incluindo uma incubadora de peixes, projetada para beneficiar a comunidade e seus arredores. Amy Trice, a força motriz por detrás da "guerra", tornou-se membro-fundador da Upper Columbia United Tribes e trabalhou para outras organizações que promoviam os direitos dos nativo-americanos e das mulheres. Ela morreu em 2011, com 75 anos. "Espero", disse ela uma vez, "que meus filhos e netos saibam como a avó deles já foi louca".

Evel Knievel saltA o câniON do rio Snake

Um dos grandes heróis folclóricos dos Estados Unidos do século XX, o audacioso motociclista Robert Craig Knievel, nasceu em Butte, Montana, em 1938, e cresceu ali. Depois de deixar a escola na adolescência, teve vários empregos, incluindo trabalhar nas minas de cobre locais até ser demitido por bater uma escavadeira na linha de força principal da cidade, deixando Butte sem eletricidade por várias horas.

A princípio, Knievel começou a fazer acrobacias como um meio de promover uma loja de motocicletas na qual tinha interesse. Sua primeira tentativa de saltar um obstáculo com sua moto, em 1965, envolveu dois pumas enjaulados e uma caixa de cascavéis. Quase deu tudo errado quando sua roda traseira acertou a caixa com as cobras, mas Knievel agora estava viciado na adrenalina — e no potencial financeiro — das acrobacias com a motocicleta. Ele formou sua própria trupe de artistas, e começou a se apresentar como "Bobby Knievel e os Audazes da Motocicleta".

Knievel contava várias histórias sobre como "Bobby" se tornou "Evel". A mais provável é que, logo no início de sua carreira, um promotor disse que o nome da trupe era muito sem graça. Ele sugeriu "Evil Knievel e os Audazes da Motocicleta" como uma alternativa mais atraente. Knievel concordou, mas, preocupado com que o nome pudesse sugerir que ele era algum tipo de Hell's Angel[5], insistiu que fosse soletrado "Evel", em vez de "Evil" (mau, em inglês).

Em junho de 1966, ele fez as primeiras tentativas de saltar por cima de uma fileira de carros. No dia 19 daquele mês, tentou fazer isso usando treze veículos, em Missoula, Montana, mas caiu antes de completar o salto, quebrando um braço e algumas costelas no processo. Knievel foi lançado (literalmente) no que se provou ser uma longa e produtiva carreira de quebrar ossos e saltar sobre barreiras variadas com uma motocicleta. Sua primeira façanha

---

5   Hell's Angel é o nome de um grupo de motociclistas com o qual Knievel não tinha qualquer relação. (N. T.)

1974 | Setembro

televisionada aconteceu em março de 1967, na pista de corrida de Ascot Park, na cidade de Gardena, na Califórnia, quando ele conseguiu passar por cima de quinze carros. Outros saltos se seguiram e, no final do ano seguinte, ele estava pronto, ou assim pensou, para Las Vegas. O que era para ser um salto espetacular sobre as fontes do Caesars Palace Hotel, em 31 de dezembro, não foi inteiramente bem-sucedido. Knievel saltou sobre as fontes, mas teve problemas na aterrissagem. Ele fraturou o crânio e passou o mês seguinte em coma.

Isso não foi o suficiente para dissuadi-lo do caminho que escolhera trilhar. Ele continuou a trincar costelas e a quebrar outros ossos em uma série de saltos durante todo o início da década de 1970. Em setembro de 1974, ele já era uma celebridade nacional. Sua façanha seguinte, realizada no dia 8 daquele mês, seria a mais espetacular e a mais arriscada até então. O cânion do rio Snake fica em Idaho, onde forma parte da fronteira entre Twin Falls County, ao sul, e Jerome County, ao norte. A distância entre as duas margens é de cerca de quinhentos metros.

A ideia de Knievel era saltar sobre o cânion em uma moto Skycycle X-2 customizada, impulsionada por um foguete, contudo, não pela primeira ou última vez em sua carreira, nem tudo saiu como havia sido planejado. Usando sua "Grua da Liberdade Evel Knievel", um guincho salpicado de estrelas e projetado para baixá-lo de forma digna no selim, o artista e dublê subiu em sua Skycycle e fez sinal de positivo com os polegares para os apoiadores que o assistiam.

Logo depois das três e meia da tarde, o foguete entrou em ação, e Knievel e sua máquina foram lançados em direção à margem oposta. Infelizmente, antes que a Skycycle deixasse a rampa de salto, o paraquedas acabou abrindo prematuramente. Puxada pelo vento, a moto-foguete não conseguiu alcançar o outro lado da margem. Em vez disso, foi jogada de volta para a margem de onde partira e despencou no cânion abaixo. Knievel teve que ser retirado dos destroços e levado de helicóptero para um lugar seguro. Por seus próprios padrões, os ferimentos deixados pelo cânion do rio Snake foram pequenos: um nariz quebrado e uma variedade de cortes e hematomas.

No entanto, a experiência na Skycycle marcou o início de uma desaceleração em sua carreira de aventuras. Em 1975, ele tentou fazer apenas dois saltos, um número bem menos expressivo em comparação ao ano de 1974, quando fez oito saltos, antes da tentativa no cânion do rio Snake. O primeiro envolvia treze ônibus no Estádio de Wembley, em Londres. Ele aterrissou no 13º ônibus e, mais uma vez, teve que ser levado ao hospital, desta vez com uma contusão e uma fratura na pélvis.

O segundo salto em 1975, alguns meses depois, foi sobre catorze ônibus da Greyhound, em um parque de diversões em Ohio. Ele aterrissou no 14º ônibus, mas conseguiu escapar de qualquer ferimento mais significativo. Sua façanha final ocorreu em Chicago, em janeiro de 1977, quando ele literalmente tentou saltar um tubarão. A ideia era lançar sua Harley-Davidson 27 metros por sobre uma piscina cheia de tubarões, mas ele caiu durante um treino e teve que cancelar o evento.

A carreira de Knievel depois que ele parou com essas aventuras foi quase tão agitada quanto seu tempo como piloto de acrobacias. Depois de atacar um ex-sócio com um bastão de beisebol, gritando "eu vou matar você", ele passou seis meses na cadeia. Sua condenação lhe custou acordos comerciais lucrativos, incluindo um com a Ideal Toys, uma empresa que fabricou e vendeu 125 milhões de dólares em bonecos do Evel Knievel entre 1972 e 1977.

Declarado falido, ele passou vários anos na obscuridade, antes de reaparecer como um tipo de herói nacional, relembrado e admirado por sua devoção quase suicida com o objetivo de entreter seus fãs ao arriscar o pescoço em uma motocicleta. Ele morreu em Clearwater, na Flórida, em novembro de 2007. "Sua fama teve pouco a ver com as façanhas que ele conseguiu realizar", escreveu seu biógrafo, Stuart Barker, "e tudo a ver com os fracassos e derrotas épicos".

Outubro

Grã-Bretanha
Luta
Partido
trabalho
Nazista
votos
Erro
Espionagem
Condenação
Prisão
Explosão
Forense
Evidência
Oskar
Envolvimento
Justiça
Liderança
Imprensa
Fast-Food
Fábrica
Schindler
Paladar Britânico
Ringue
Segunda Guerra Mundial

Oskar Schindler, o dono de fábrica alemão que salvou mais de mil judeus das câmaras de gás durante a Segunda Guerra Mundial, morre aos 66 anos. Na Grã-Bretanha, a segunda eleição geral do ano garante uma maioria apertada para o Partido Trabalhista. O IRA Provisório explode bombas em dois pubs de Guildford. Na então chamada "luta na floresta", Muhammad Ali luta com George Foreman pelo campeonato mundial dos pesos-pesados. O McDonald's abre seu primeiro restaurante no Reino Unido, em Woolwich.

A morte dE Oskar SchINdlEr

Oskar Schindler, que morreu na Alemanha Ocidental em 9 de outubro de 1974, exemplificou a verdade às vezes esquecida de que não é preciso ser um santo para fazer o bem ao mundo. Schindler era um bêbado, mulherengo e empresário implacável e com poucos escrúpulos. Mesmo assim, também foi alguém disposto a arriscar a vida para salvar centenas de judeus dos nazistas durante a Segunda Guerra Mundial. Ele nasceu em 1908, em Zwittau, agora Svitavy, na República Tcheca, que era então parte do Império Austro-Húngaro. Membro do partido pró-alemão na Tchecoslováquia em meados da década de 1930, foi preso pelas autoridades tchecas por espionagem em 1938, e condenado à morte; mas a anexação da Região dos Sudetos pelos nazistas, naquele ano, salvou sua vida. Ele se juntou ao Partido Nazista em 1939, quase certamente como um meio de melhorar suas perspectivas financeiras, e não por causa de algum comprometimento ideológico com a causa.

Após a invasão alemã na Polônia, Schindler foi para a Cracóvia, onde comprou uma fábrica e começou a empregar trabalhadores judeus na manufatura industrial de panelas e frigideiras. Em 1942, ele tinha mais de quatrocentos judeus em sua fábrica, trazidos a cada dia do gueto criado pelos nazistas. No ano seguinte, o sádico psicopata Amon Göth, "o homem mais desprezível que já conheci", segundo a esposa de Schindler, Emilie, foi nomeado como comandante do campo de concentração de Cracóvia-Plaszóvia. Schindler ainda aparentava ser um apoiador dos nazistas e de seus planos para a Polônia. Com uma mistura de charme, suborno e bonomia, ele conseguiu persuadir Göth a lhe dar permissão para administrar um subcampo apenas para os trabalhadores em sua fábrica de esmaltados, onde foi capaz de protegê-los da selvageria e dos assassinatos aleatórios do campo principal. Durante esse período, Schindler foi preso duas vezes por atividades no mercado clandestino e uma por desobedecer às Leis de Nuremberg de pureza racial, ao beijar uma garota judia no rosto durante uma festa de aniversário para ele em sua fábrica. Por causa do beijo, ele passou cinco dias na prisão antes que seus contatos nazistas conseguissem libertá-lo.

Em julho de 1944, à medida que o Exército Vermelho se aproximava, os campos de concentração nazistas e as fábricas no leste europeu estavam sendo fechados. Prisioneiros e trabalhadores escravizados eram enviados para o oeste. A fábrica de Schindler era uma das que estava na fila para ser desativada, mas ele solicitou com sucesso que ela fosse transferida para Brünnlitz, na Região dos Sudetos (agora Brněnec, na República Tcheca).

Schindler compilou uma lista de seus trabalhadores judeus que, segundo ele, eram essenciais para o funcionamento da fábrica, salvando-os assim de serem levados pelos alemães para os campos de concentração e, com muita probabilidade, para a câmara de gás. A essa altura, a fábrica estava produzindo projéteis para o esforço de guerra nazista, mas Schindler, arriscando a vida novamente, garantiu que os projéteis fossem basicamente inúteis e não funcionassem.

Quando a guerra terminou, aqueles que não sabiam de suas atividades clandestinas, em benefício de seus trabalhadores, inicialmente o consideraram um criminoso de guerra nazista. Ele foi obrigado a fugir do país, e recebeu a ajuda de alguns dos judeus que salvara antes. Em 1949, mudou-se para a Argentina, na esperança de reconquistar sua fortuna como fazendeiro, mas não teve sucesso. Falido e divorciado, Schindler retornou à Europa e morreu em Hildesheim, na Baixa Saxônia, aos 66 anos. Sua fama póstuma cresceu graças ao romance de Thomas Keneally, *Schindler's Ark*, lançado em 1982, e (mais dramaticamente) pelo filme de Steven Spielberg *A lista de Schindler*, que foi baseado no livro e lançado em 1993. Ele está enterrado em Jerusalém, onde é saudado em hebraico em sua lápide como "Justo entre as Nações", e descrito em uma inscrição em alemão como "O salvador inesquecível de 1.200 perseguidos judeus". Ele tinha sua própria explicação para o que fizera: "Eu odiava a brutalidade, o sadismo e a insanidade do nazismo. Não podia ficar parado vendo as pessoas serem destruídas. Fiz o que pude, o que tinha que fazer, o que minha consciência me disse para fazer. Isso é tudo. Sério, nada mais."

Segunda eleição no Reino Unido

Dado que a eleição de fevereiro (ver p. 42) na Grã-Bretanha resultou em um parlamento dividido, era inevitável que outro pleito tivesse que ocorrer, cedo ou tarde. A segunda eleição do ano aconteceu na quinta-feira, 10 de outubro, menos de oito meses depois da anterior. Era a primeira vez desde 1910 que o país ia às urnas duas vezes no mesmo ano. O primeiro-ministro Harold Wilson anunciara sua decisão de convocar novas eleições no mês anterior. Era hora, disse ele ao eleitorado em seu discurso na TV, de o Partido Trabalhista ter maioria, a fim de "fazer o governo e o parlamento funcionarem". Uma coalizão foi sugerida como possível saída para o impasse, mas Wilson não aceitou a ideia. O resultado seriam "compromissos confusos", quando o que a nação precisava era de "decisões claras".

Poucas pessoas pareciam entusiasmadas com a ideia de outra chance para escolher seu parlamentar. O *Times* era da opinião que, desde a guerra, nenhuma eleição fora "realizada em tal clima de incerteza e depressão do público". Também sugeriu que era uma eleição que poderia "causar danos ou até mesmo destruir o partido que a vencesse". A campanha começou com a notícia, encorajadora para o governo, de que as pesquisas mostravam uma liderança de 8% dos Trabalhistas, mais do que suficiente para garantir a maioria que eles queriam na Casa dos Comuns. A liderança foi mantida ao longo das semanas de campanha que se seguiram, com algumas pesquisas sugerindo que havia subido para mais de 10%.

A campanha foi discreta em comparação às outras eleições. A revista *The Economist* chamou o pleito de "a eleição que nunca foi", e um dos estrategistas do Partido Conservador, mais de uma semana antes do dia da votação, comentou: "Só Deus sabe como vamos conseguir continuar com isso por mais dez dias". Willie Whitelaw causou certa diversão quando acusou os ministros trabalhistas de "percorrer o país estimulando a complacência". (Com frequência é relatado erroneamente que ele afirmou que estavam estimulando a "apatia", uma tarefa ainda mais difícil, pode-se imaginar, do que estimular a "complacência".) Enquanto isso, o discurso dos trabalhistas para o público era que eles tinham colocado um fim à agitação industrial que arruinara a administração de Ted Heath. Isso é verdade, ainda que possa ser argumentado que o fizeram em grande parte cedendo a todas as exigências dos sindicatos.

Na noite da eleição em si, a primeira pesquisa de boca de urna da BBC sugeria uma vitória esmagadora para o Partido Trabalhista, com uma maioria de talvez até 150 cadeiras. No entanto, as pesquisas de boca de urna na época não eram tão precisas quanto as de hoje. Quando os resultados reais começaram a aparecer, ficou claro que a corrida não estava garantida. A BBC rapidamente revisou suas projeções para baixo, primeiro para 66 assentos, e depois para trinta. A breve euforia se transformou em tristeza para os apoiadores do trabalhismo, pois parecia que a diferença com os conservadores diminuía cada vez mais. Em determinado ponto, Wilson, ao ouvir relatos de que o comparecimento era ruim em algumas áreas tradicionalmente trabalhistas, se desesperou. "Podemos muito bem ir para casa", dizem que ele falou a certa altura. "Nós perdemos". Ele estava errado. Não tinham perdido. Um partido precisava de 318 cadeiras para conquistar a maioria. O Partido Trabalhista conquistou 319. Os conservadores se saíram mal. O partido de Heath atraíra menos de 36% dos votos nacionais, e seus dias como líder estavam contados. Ele perdera três das quatro eleições gerais nas quais era líder do Partido Conservador. Ele lutou severamente em 1975, mas foi retirado do cargo em uma eleição para a liderança em fevereiro, por Margaret Thatcher.

Bombas em Guildford

Na noite de sábado, 5 de outubro, o IRA Provisório alvejou dois pubs em Guildford, porque ambos eram frequentados por soldados do quartel de Pirbright. Aproximadamente às 20h50, uma bomba explodiu no Horse and Groom, na North Street, matando cinco pessoas e ferindo dezenas de outras. Paul Craig, o único civil entre os mortos, tinha 21 anos, e trabalhava no que mais tarde seria o EMI Film Studios. Ele estava com familiares e amigos, alguns deles militares, para celebrar o aniversário de uma moça do grupo. Estava no lugar errado, na hora errada, e perdeu a vida como consequência. O mesmo aconteceu com Ann Hamilton e Caroline Slater, as duas adolescentes que tinham se alistado no Corpo do Exército Real Feminino, e só recentemente tinham começado seu treinamento. Os dois outros jovens que morreram, William Forsyth, de 18 anos, e John Hunter, de 17, eram amigos. Não só eram de Barrhead, em Renfrewshire, como tinham crescido na mesma rua e se alistado na Guarda Escocesa juntos, no mês anterior. "Eram apenas garotos", um vizinho disse a um jornalista. "Por que seriam mortos? É loucura, uma completa loucura."

Como consequência da explosão no Horse and Groom, outros estabelecimentos da área foram evacuados. Meia hora depois, um segundo dispositivo detonou no Seven Stars. Os clientes já tinham deixado o pub, mas o proprietário, Brian O'Brien, sofreu uma fratura no crânio, e sua esposa quebrou a perna. Outros funcionários sofreram ferimentos de menor gravidade. O'Brien e seu barman tinham acabado de revistar o Seven Stars, mas não encontraram nada suspeito. "Tenho certeza de que a bomba estava embaixo do estofado de um dos bancos ao longo do balcão", disse ele mais tarde. "Foi o único lugar que não olhamos".

A polícia ficou sob intensa pressão para encontrar os culpados pelas explosões em Guildford. Infelizmente, escolheram deter as pessoas erradas, e as coagiram a confessar crimes que não tinham cometido. No final de novembro, a polícia prendeu três irlandeses e uma inglesa — Paul Hill, Gerry Conlon, Paddy Armstrong e Carole Richardson —, que mais tarde ficaram conhecidos como os Quatro de Guildford. Alguns dias mais tarde, a polícia invadiu uma casa em West Kilburn, pertencente à tia de Conlon, Anne Maguire, prendendo-a junto com vários outros membros de sua família, incluindo o pai de Conlon, Giuseppe, que só viajara de Belfast para Londres depois que soube da notícia da detenção do filho. Todos os Quatro de Guildford retiraram suas confissões, mas, em outubro de 1975, foram julgados, condenados e sentenciados à prisão perpétua pelas explosões das bombas em Guildford e, nos casos de Hill e Armstrong, por uma explosão posterior em um pub de Woolwich, que matou dois clientes do King's Arms em 7 de novembro de 1974. Os "Sete Maguire" foram acusados, vários meses depois, de posse de materiais explosivos usados nas bombas em Guildford e, após as condenações, foram sentenciados a várias penas de prisão, que iam de quatro a catorze anos.

Logo ficou claro para alguns advogados, jornalistas e ativistas que os Quatro de Guildford e os Sete Maguire foram vítimas de um terrível erro da justiça. As evidências contra eles consistiam em pouco mais do que confissões, arrancadas dos Quatro de Guildford sob severa coação, e evidências forenses frágeis que pareciam indicar que membros da família Maguire tinham manuseado nitroglicerina. Apesar da fragilidade dos casos de acusação e das declarações de membros genuínos do IRA Provisório, que os exoneravam de envolvimento com qualquer uma das explosões nos pubs, levou anos para que fossem libertados da prisão, em 1989 e em 1991. Para Giuseppe Conlon, era tarde demais. Ele morreu na cadeia, em 1980.

A luta na floresta

Certa vez descrita de forma hiperbólica por um jornalista estadunidense como "indiscutivelmente o maior evento esportivo do século XX", a Luta na Floresta foi a disputa de boxe ocorrida no Zaire (atual República Democrática do Congo), entre George Foreman e Muhammad Ali, em 30 de outubro de 1974. Foreman, agora talvez mais conhecido entre as gerações mais jovens como vendedor de grills elétricos, era então o invicto e incontestável campeão mundial dos pesos-pesados, tendo derrotado Joe Frazier em uma luta durante a qual derrubou seu oponente seis vezes em dois rounds, antes de o juiz intervir e encerrar a luta. Segundo uma testemunha, o escritor estadunidense Norman Mailer, Frazier parecia "um homem sobre o qual acabara de desabar uma parede". Foreman tinha 25 anos e estava no auge da forma física. Estava confiante em sua força. "Bato em um cara, e é como mágica", dizia ele. "Você o vê desabar no chão. É um dom de Deus."

Ali era considerado por muitos, inclusive por si mesmo, o maior boxeador peso-pesado de todos os tempos, mas era sete anos mais velho do que Foreman, e parecia já ter passado de seu auge. Embora tivesse lutado e derrotado Joe Frazier no início do ano pelo título de campeão dos pesos-pesados da Federação Norte-Americana de Boxe, muitos acreditavam que Foreman não teria dificuldade em derrotá-lo. Essa era uma visão realista, mas Ali apelou para os românticos entres os fãs do boxe e para os que ansiavam por ver o esporte como mais do que algo particularmente exigente e, muitas vezes, brutal. "Se algum lutador já foi capaz de demonstrar que o boxe era uma arte do século XX", Norman Mailer escreveu, "esse lutador foi Ali". Havia muita gente que concordava com ele e que acreditava que, de algum modo, Ali pudesse derrotar Foreman.

Originalmente agendada para 25 de setembro, a luta teve que ser adiada quando Foreman sofreu um corte sobre o olho durante uma sessão de treino. Parecia ser apenas um pequeno contratempo para o campeão. Ele continuou a ser o favorito disparado. Poucos acreditavam que Ali pudesse reverter a diferença de idade e prevalecer. Dave Anderson, um jornalista do *New York Times* especializado em boxe, escreveu que "cedo ou tarde, o campeão acertará um de seus socos que mais parecem uma marreta, e pela primeira vez em sua carreira, Ali será eliminado". O conhecido locutor esportivo da ABC, Howard Cosell, que era amigo próximo de Ali, não estava convencido de que o lutador pudesse sair vitorioso. "Não acho que ele possa derrotar George Foreman...", disse ele em um de seus programas de TV. "Talvez ele consiga fazer um milagre. Mas contra George Foreman, tão jovem, tão forte, tão destemido? Contra George Foreman, que elimina seus oponentes um após o outro em menos de três rounds?" Certamente, o campeão parecia ter vontade de fazer picadinho de seu oponente mais velho. Norman Mailer, que foi até Kinshasa, capital do Zaire, para testemunhar o espetáculo, ficou maravilhado quando viu Foreman treinar. "Uma das visões mais prodigiosas que já tive na vida", ele escreveu, e observou que o boxeador abria "vãos do tamanho de meia melancia" nos sacos de areia enquanto treinava seus socos.

Ali fazia seu jogo habitual de tentar desestabilizar o oponente antes de subirem ao ringue, provocando e atormentando Foreman nas coletivas de imprensa e nas entrevistas. Um repórter perguntou para o campeão se as piadas de Ali o incomodavam. "Não", respondeu

Foreman. "Ele me faz pensar em um papagaio que fica dizendo: 'Você é estúpido! Você é estúpido!'. Sem querer ofender Muhammad Ali, mas ele é como esse papagaio. O que ele diz agora, já disse antes." Quando perguntado se responderia ou não a qualquer coisa que Ali lhe dissesse durante a luta, ele rejeitou a possibilidade. "Nunca tenho muita chance de falar no ringue", disse ele. "Quando começo a conhecer um cara, já está tudo acabado."

Assim que os dois homens subiram ao ringue, Ali foi obrigado a aguentar um ataque tremendo do campeão ao longo dos primeiros rounds, mas ele já sabia que seria assim e tinha planejado o que fazer. Ele adotou o que ficou conhecido como estratégia "rope-a-dope". Norman Mailer, que estava ao lado do ringue, a descreveu de sua maneira peculiar: "Era chegada a hora de ver se ele poderia derrotar Foreman se protegendo nas cordas", escreveu ele. "[...] Ele se apoiou nas cordas no meio do segundo round e, desta posição, trabalharia no restante da luta, reclinando-se em um ângulo de dez a vinte graus na vertical, e às vezes ainda mais, em um ângulo apertado e quase torturante do qual boxear." A ideia era que Foreman gastasse toda a sua energia dando socos que acertariam os braços e o corpo de Ali, conquistando alguns pontos para o campeão, mas exaurindo suas forças depois de um tempo. Deu certo. Nos sexto e sétimo rounds, Foreman estava visivelmente cansado. Nas palavras de Mailer, suas pernas tinham "a aparência de um homem que tinha ficado de cama e que começava a andar pelo quarto pela primeira vez em uma semana". Ali começou a provocar seu oponente quando os dois boxeadores entraram em clinches[6]. "Você não consegue bater mais forte? Isso não foi tão forte", ele murmurava na orelha de Foreman. "Achei que você fosse o campeão. Achei que soubesse socar." No

---

6   Clinch, no boxe, é uma forma de se livrar dos golpes do adversário com um tipo de abraço imobilizante. (N. T.)

Nick Rennison

oitavo round, Ali reuniu força suficiente para uma sequência de socos contra os quais o cansado campeão já não tinha resposta. Foreman cambaleou e caiu na lona. Conseguiu se erguer em um joelho, mas não foi capaz de ficar totalmente em pé antes que o juiz marcasse o final da luta. Ali vencera uma competição na qual poucos lhe davam alguma chance de vitória.

O primeiro McDonald'S no REino UniDo

Hoje, quando a empresa tem mais de 1200 filiais na Grã-Bretanha, é difícil imaginar que houve um tempo em que os arcos dourados do McDonald's não eram uma visão comum no país. No entanto, embora a cadeia de fast-food tenha se estabelecido nos Estados Unidos na década de 1940, e os primeiros restaurantes fora da América tenham sido abertos nos anos 1960, foi só em outubro de 1974 que os britânicos puderam desfrutar das delícias de um Big Mac com fritas. E, ainda assim, só se morassem ou se estivessem preparados para viajar até Woolwich, no sudoeste de Londres.

A Grã-Bretanha foi um dos últimos grandes países europeus a contar com o benefício de um McDonald's. Não só o preço dos imóveis era comparativamente alto, como também existia uma competição bem estabelecida. A Wimpy, outra cadeia de fast-food que se originara nos Estados Unidos, já tinha mais de seiscentos restaurantes no Reino Unido. Inicialmente, o McDonald's procurou um local no centro de Londres para sua primeira incursão no mercado britânico, mas não conseguiu achar um que fosse adequado. As instalações em Woolwich, outrora uma filial da Burton, uma cadeia de roupas masculinas, não eram as ideais, mas eram baratas, e a área ao sudeste de Londres era vista como típica do "britânico médio". Se o McDonald's conseguisse fazer sucesso ali, era provável que isso também acontecesse em outros lugares.

1974 | Outubro

Em 12 de outubro, dia da grande inauguração, multidões se aglomeraram do lado de fora, talvez atraídas pela oportunidade de encontrar o prefeito de Woolwich, Len Squirrel, com seu colar cerimonial, ou, mais provavelmente, o DJ Ed "Stewpot" Stewart, da Rádio 1, que também estava presente. Celebridades da época continuaram a visitar o restaurante nas semanas que se seguiram. Um mês depois, o boxeador Henry Cooper escolheu o McDonald's de Woolwich como lugar para fazer o lançamento de sua autobiografia. A imprensa estava em grande parte impressionada pelo novo restaurante de fast-food. O *Daily Mail* elogiou "sua falta de classe tipicamente estadunidense", argumentando que era um local "onde visons e capas de chuva podiam se misturar... sem qualquer sensação de constrangimento". Mesmo assim, apesar da publicidade intensiva, o primeiro gerente do restaurante, um nativo de Ohio chamado Paul Preston, mais tarde relembrou que frequentemente as coisas ficavam lentas nos primeiros meses. "Ninguém sabia quem éramos. Tentamos todos os truques possíveis — infinitas promoções e refeições grátis. Levou um bom tempo para engatar."

O cardápio era basicamente o padrão que podia ser encontrado nos McDonald's em todo o mundo. A única concessão para o paladar britânico era que, ao contrário de seus equivalentes nos Estados Unidos, o restaurante servia chá. Os preços parecem hoje incrivelmente baixos. Um cheeseburger custava apenas 21 pence. As fritas custavam dez ou treze, dependendo se o pedido era de uma porção normal ou a porção grande. Os clientes naquele primeiro dia puderam pagar com uma moeda de cinquenta pence por um Big Mac e ainda receber cinco de troco. O lucro total naquele primeiro dia foi de 98 libras. A revolução do fast-food começara na Grã-Bretanha.

Novembro

Explosão
Parlamentar
Bomba
Humanidade
Cicatriz
Crença
Julgamento
Física
Feridos
Falência
Viagem
Esqueleto
Ancestral
Fósseis
Arecibo
Ira
Provisório
Mensagem
Esconderijo
Prisão Perpétua

Partes do esqueleto de um hominídeo datado de 3 milhões de anos atrás são encontrados na África. Um aristocrata inglês desaparece depois de aparentemente assassinar a babá de seus filhos, e um parlamentar britânico finge a própria morte enquanto se hospedava em um hotel em Miami. O IRA Provisório detona bombas em dois pubs de Birmingham, causando múltiplas mortes e deixando vários feridos. O mercado de Covent Garden se muda do centro de Londres depois de trezentos anos. Na Austrália, o primeiro teste da série Ashes começa com uma demonstração assustadora de *fast bowling*. A humanidade envia uma mensagem para as estrelas.

A deScoberta de "LuCy"

Uma das descobertas mais significativas sobre nossos ancestrais humanos mais remotos aconteceu na Formação Hadar, um sítio arqueológico do Vale Awash, na Etiópia, em 1974. O paleoantropólogo estadunidense Donald Johanson, então curador do Museu de História Natural de Cleveland, foi um dos principais participantes de uma expedição internacional que realizava, pela segunda vez, pesquisas na área. A primeira temporada proporcionara interessantes achados, mas a segunda ultrapassou qualquer coisa que tivesse sido descoberta até então.

Em 24 de novembro, Johanson abandonou o plano original de passar a manhã organizando suas notas de campo e, em vez disso, uniu forças com o estudante de pós-graduação Tom Gray para vasculhar uma área no sítio arqueológico conhecida como Localidade 162, em busca de quaisquer sinais de fósseis.

Eles desceram até o fundo de um pequeno barranco que já tinha sido vistoriado por outros membros da equipe. Conforme o sol se erguia no céu e o dia ficava cada vez mais quente, parecia que a dupla, assim como seus colegas, não teria êxito em encontrar qualquer coisa de interessante naquele lugar. Eles já estavam se preparando para partir, quando Johanson viu alguma coisa. "Isso é um pedaço do braço de um hominídeo", ele disse para Gray, que a princípio não estava convencido de que realmente fosse. Parecia ser muito pequeno. Enquanto os dois homens discutiam a natureza da descoberta, começaram a ver outros pedaços de ossos — um fêmur, uma vértebra, parte de uma pelve — no chão. Ocorreu-lhes que tudo aquilo poderia ter pertencido a um único indivíduo. "Nenhum esqueleto desse tipo jamais tinha sido descoberto", Johanson escreveu mais tarde. Era uma descoberta memorável. "Nós nos abraçamos, suados e malcheirosos, gritando e nos abraçando no cascalho aquecido pelo sol, e os pequenos restos marrons do que agora parecia ser quase certamente partes de um único esqueleto de hominídeo ali, diante de nós."

Depois que voltaram para relatar sua descoberta, seus colegas ficaram tão emocionados quanto Gray e Johanson. Segundo este último, "o acampamento se sacudia de animação". Ninguém queria ir para a cama. Uma fita cassete com a canção dos Beatles "Lucy in the Sky with Diamonds" estava "tocando noite afora", várias e várias vezes. Todos no acampamento passaram a visitar o barranco diariamente, durante três semanas, para coletar o que fora encontrado. No fim, centenas de pedaços de ossos foram recolhidos, o que somava cerca de 40% do esqueleto de um indivíduo. Em determinado momento, ficou decidido que o fóssil, que definitivamente era de uma fêmea, devia se chamar "Lucy". Em amárico, um dos idiomas oficiais do país em que foi encontrado, o fóssil recebeu o nome de *Dinkinesh*, que pode ser traduzido como "Você é maravilhosa". Seu nome científico, mas muito mais sem graça, é AL 228-1. Lucy, membro da espécie de hominídeo *Australopitecus afarensis*, tem cerca de 3,2 milhões de anos de idade e continua sendo um dos nossos mais antigos ancestrais já encontrados.

O desaparecimento dE LORd Lucan

Cerca de 21h50 do dia 7 de novembro, alguns poucos clientes do Plumbers Arms, um pequeno pub no bairro de Belgrávia, em Londres, foram surpreendidos pela súbita chegada de uma jovem. Ela estava descalça e coberta de sangue. Quando o barman, Arthur Whitehouse, se aproximou, ela estava a ponto de desmaiar. Ele a segurou quando ela caiu, e a levou até um dos bancos do bar. Uma ambulância foi chamada, mas, antes que pudesse chegar, a mulher começou a gritar: "Me ajudem, me ajudem. Acabei de escapar de ser assassinada", ela gritou, segundo Whitehouse. "Meus filhos, meus filhos, ele assassinou a babá."

Por insistência da mulher, os policiais foram até o número 46 da Lower Belgrave Street, onde foram obrigados a arrombar a porta da frente para conseguirem entrar. "Eu sabia que havia alguma coisa errada", disse o sargento-detetive Graham Forsyth mais tarde. "Havia sangue por todo lado." O corpo de uma mulher foi encontrado aos pés da escada que dava para o porão. Era Sandra Rivett, que tinha sido babá dos filhos de Lady Lucan, a mulher cuja aparência desgrenhada e ensanguentada assustara os clientes do Plumbers Arms. E o principal candidato para o papel de assassino no drama que se desenrolava era o ex-marido de Lady Lucan — Richard John Bingham, 7º Conde de Lucan, 13º Baronete Bingham de Castlebar, no condado de Mayo, na Irlanda, e 3º Barão Bingham de Melcombe Bingham, em Dorset.

Separado da esposa por quase dois anos, Lucan estava em uma disputa amarga com ela pela custódia das crianças. Segundo o relato de Lady Lucan sobre o que aconteceu na noite de 7 de novembro, ela estava assistindo à TV no quarto com os filhos e Sandra Rivett. A certa altura, Sandra levara a criança mais nova para a cama, e então descera até o térreo para preparar uma xícara de chá para a patroa. O tempo passou e o chá não chegou. Lady Lucan desceu para investigar. Não havia sinal de Sandra. Então Lady Lucan ouviu um barulho, mas, antes que conseguisse descobrir o que era, alguém saltou de seu esconderijo e a atingiu várias vezes na cabeça. Ela gritou, e uma voz masculina lhe disse para calar a boca. Ela reconheceu a voz. Era de seu marido. Os Lucan então se envolveram em uma luta violenta, que terminou quando ela agarrou os testículos dele, que perdeu as forças. "Ele desistiu", disse ela mais tarde.

Segundo Lady Lucan, seu marido então confessou que tinha matado Sandra Rivett, após confundi-la no escuro com seu verdadeiro alvo — a esposa. No entanto, ele não parecia mais estar tomado de um ímpeto assassino. Acompanhou a esposa escada acima, até o quarto, para que pudessem ver o dano que ele infligira nela. Em dado momento, Lucan entrou no banheiro da suíte para pegar uma toalha e limpar o rosto de Veronica. "Eu ouvi a torneira aberta", ela contou no inquérito, "então fiquei em pé num instante e saí correndo do quarto, descendo as escadas". Ela saiu de casa e fez sua entrada dramática no Plumbers Arms. Lady Lucan não tinha dúvidas de que o intruso e assassino de Sandra Rivett era seu marido.

Não demorou para ficar claro que ele tinha desaparecido. Em uma carta para um amigo, escrita logo após a morte de Rivett, Lucan dizia que "as evidências circunstanciais contra mim são fortes [...]. Vou me esconder por um tempo". Alguns acham que ele está escondido desde então e, embora tenha havido inúmeros avistamentos dele nos últimos cinquenta anos, Lucan jamais foi encontrado. Ao longo das décadas, ele foi visto na África do Sul, em Trinidad, no México, em Madagascar, no Canadá, nas Filipinas e em quase todos os outros países do mundo.

Há relatos variados dele ter sido visto trabalhando como garçom em San Francisco, levando a vida de um hippie idoso em Goa, jogando dados em uma casa de apostas em Botswana e dormindo no banco de trás de um Land Rover, acompanhado por um gambá de estimação, nos arredores da pequena cidade neozelandesa de Marton. Ele se tornou cada vez menos uma pessoa real e mais a figura multifacetada de um mito. A verdade prosaica é que Lucan provavelmente cometeu suicídio logo depois de seu desaparecimento. Era o que muitos de seus amigos certamente acreditavam. John Aspinall, empresário de jogos de azar e proprietário do Clermont Club, onde Lucan tinha jantado na noite do assassinato, achava que ele tinha deixado o país em um barco a motor a caminho do continente logo depois de cometer o crime. No meio do Canal da Mancha, ele se assegurou de que o barco afundasse. Então amarrou um peso ao redor do pescoço e pulou da embarcação.

Em sua ausência, seja morto ou então disfarçado em algum lugar, ele foi considerado culpado de assassinato por um júri em junho de 1975.

O mercado de CovEnt GaRDen fecha

Iniciando nos anos 1650 com não mais do que poucas barracas montadas temporariamente no terreno da Bedford House, a casa do Duque de Bedford em Londres, o mercado de Covent Garden cresceu lentamente nos cem anos seguintes, mas, no fim do século XVIII, já era o mercado de frutas e legumes mais conhecido da cidade. Continuou assim durante todo o século XIX e início do século XX. Henry Mayhew, jornalista da era vitoriana e autor de *London Labour and the London Poor*, proporcionou um retrato vívido do mercado em seu auge, na década de 1850:

"Por todos os lados, não é possível ver nada além de vegetais; o pavimento está completamente coberto por um monte deles, prontos para serem carregados; as lajes estão manchadas de verde com as folhas pisoteadas; peneiras e sacos cheios de maçãs e batatas, e maços de brócolis e ruibarbo são deixados totalmente sem vigilância em quase todas as portas; os degraus do Covent Garden Theatre estão cobertos de frutas e vegetais; a estrada fica bloqueada com montanhas de repolhos e nabos; e homens e mulheres passam com os braços curvados pelas couves-flores que carregam, ou com as pontas vermelhas de cenouras saindo de seus aventais abarrotados…"

Durante o século XX, os problemas do mercado já eram tão perceptíveis quanto sua vivacidade. Já em 1921, o ministério dos Alimentos condenou o Covent Garden como "totalmente inadequado às necessidades do comércio", mas, na ausência de alternativa melhor, o mercado continuou ali. Na década de 1960, vários planos para modernizar e repensar o abastecimento de alimentos da capital foram cogitados, mas nada aconteceu. Era cada vez mais evidente que a área, com suas ruas estreitas e dificuldades de acesso, não era mais adequada para as necessidades de um mercado do século XX. Mesmo assim, se o mercado se mudasse, o que seria feito com a praça em Covent Garden? No final dos anos de 1960, o Conselho da Grande Londres apresentou um plano que significaria a demolição das principais construções do local.

Em resposta, foi formada a Associação Comunitária de Covent Garden para impedir uma tacanhez tão monstruosa. A campanha contra as propostas do Conselho da Grande Londres foi vigorosa e, depois de um tempo, bem-sucedida. Em 1973, o secretário do Interior, Robert Carr, nomeou 250 edifícios da área como tombados, e qualquer plano para derrubar parte de Covent Garden foi abandonado.

Enquanto isso, os trabalhos de construção para estabelecer um novo mercado já tinham começado em 1971, no que tinha sido a Nine Elms Locomotive Works e a estação de trem Nine Elms. Depois de mais de trezentos anos, o velho mercado foi fechado em 8 de novembro de 1974. Três dias depois, o Novo Mercado Covent Garden em Nine Elms abriu as portas pela primeira vez. Era inevitável que o antigo mercado desaparecesse, mas muitas pessoas lamentaram esse fato. Como o jornalista Philip Howard, do *Times*, escreveu: "O centro de Londres não será o mesmo sem o cheiro doce de fruta madura, a estranha vida noturna dos vegetais e aqueles caminhões noturnos rugindo com um sopro do West Country, de Kent e de todo o vasto mundo".

1974 | Novembro

Atentado a bomba nos pubs De BIRmingham

O IRA Provisório continuou sua campanha de detonações de bombas na Grã-Bretanha em 21 de novembro, com ataques em dois pubs de Birmingham. O Mulberry Bush ficava nos dois pisos inferiores de um edifício de escritórios de 25 andares no centro da cidade, conhecido como a Rotunda. A primeira bomba explodiu um pouco antes das 20h20, poucos minutos depois que o aviso de sua presença foi dado em uma ligação para o jornal *Birmingham Post*. Dez pessoas foram mortas e dezenas ficaram feridas, muitas com ferimentos incapacitantes. A Tavern in the Town ficava na New Street, a uma curta distância do Mulberry Bush. Os clientes ouviram a explosão, "um estampido abafado", segundo um deles, mas não perceberam o que era. Após o primeiro atentado, a polícia lutava para evacuar outros locais, incluindo o Tavern in the Town, mas uma segunda bomba foi detonada apenas dez minutos após a que devastara o Mulberry Bush. Assim como a primeira, causou mortes e ferimentos horrendos.

Um jovem que estava na Tavern in the Town, citado em uma reportagem da BBC News, disse: "Eu ia colocar um disco no jukebox quando houve a explosão. Havia corpos por toda parte, e eu tive que passar por cima deles para conseguir sair dali — os gritos e os gemidos dos feridos eram apavorantes". Outra testemunha relatou que "havia mulheres e garotas jovens gritando, e sangue jorrava por todo lado [...]. Eu vi um homem que parecia ter metade do corpo arrancado. Foi horrível". Uma jovem de vinte anos, que tinha acabado de chegar ao pub alguns minutos antes, descreveu sua própria experiência: "Eu fui até o bar com minha amiga, e estava prestes a comprar uma bebida quando houve um estampido, e tudo começou a cair sobre nós. Eu acendi meu isqueiro e vi que minha amiga, do meu lado, tinha perdido o pé. Pensei que eu também estava morta e que era meu espírito que continuava ali, pois, por todo lado que eu olhava, só via morte". Nove pessoas foram mortas imediatamente nessa segunda explosão, e duas morreram depois por causa dos ferimentos. Cada uma das pessoas que estavam no pub naquela noite foi ferida de algum modo, algumas com bastante gravidade.

Birmingham ficou traumatizada. O secretário do Interior, Roy Jenkins, visitou a cidade no dia seguinte aos atentados, e percebeu uma "atmosfera penetrante de ressentimento hostil e amargurado, como nunca havia encontrado antes em nenhuma parte do mundo". A raiva contra o povo irlandês era generalizada. Alguns eram atacados nas ruas, jogados para fora do ônibus, tinham o atendimento recusado em lojas e restaurantes. (O fato de que alguns dos mortos também eram irlandeses era convenientemente esquecido.) Jenkins era um forte opositor da pena de morte, mas outros dentro e fora do parlamento pediam a reintrodução desse tipo de punição para tais atentados terroristas. Um debate na Câmara dos Comuns revelou a força do sentimento, mas Jenkins descobriu que os líderes conservadores pensavam como ele. Willie Whitelaw, por exemplo, argumentava que trazer o enforcamento de volta só inflamaria as tensões na Irlanda do Norte, e colocaria em grande perigo os soldados da Grã-Bretanha que estavam lá. No fim, a campanha para restaurar a pena de morte não deu em nada. No entanto, quatro dias após os atentados, o Ato de Prevenção ao Terrorismo de 1974 começou uma rápida jornada até se transformar em lei. Seus poderes, Jenkins admitia, eram "draconianos". De fato, ele prosseguiu, "combinados, não há nada igual a isso em tempos de paz". Mas eram necessários. O Ato foi aprovado pelas duas Casas do Parlamento em 29 de novembro.

Neste mesmo período, a polícia se moveu rapidamente para indiciar seis irlandeses, todos eles havia muito residentes em Birmingham, e a maioria dos quais havia sido detida na mesma noite dos atentados, quando estavam prestes a pegar a balsa de Heysham para Belfast, a fim de comparecerem a um funeral.

"Estamos satisfeitos por termos encontrado os homens diretamente responsáveis", anunciou o subchefe de polícia Maurice Buck. Os "Seis de Birmingham", como ficaram conhecidos, foram levados a julgamento e considerados culpados pelos atentados em agosto do ano seguinte. Todos receberam pena de prisão perpétua. Teria sido outro erro da justiça, como o que aconteceu com Judith Ward e os Quatro de Guildford (ver p. 46 e p. 195). Todos os seis eram inteiramente inocentes, mas demorou até 1991 para o Tribunal de Apelação anular suas condenações.

Um parlamentar finge a própria morte

Em 20 de novembro, um inglês hospedado no prestigioso Fontainebleau Hotel, em Miami Beach, entregou sua chave para a recepcionista e seguiu em direção à praia privada do lugar. Sua entrada foi permitida por outro funcionário do hotel; ele se despiu, ficando só com o calção de banho que vestira antes, e seguiu para a água, deixando uma pilha de roupas na praia. Então ele nadou paralelo à costa a uma curta distância, saiu do mar na parte da praia que pertencia a outro hotel e foi até uma cabine telefônica, onde já tinha deixado uma toalha e uma nova muda de roupas. Ele se secou, colocou os novos trajes, pegou um táxi até o aeroporto e, em um depósito de bagagens, pegou uma mala, uma passagem aérea, um pouco de dinheiro e um passaporte britânico em nome de Joseph Markham. O inglês era John Stonehouse, parlamentar pelo eleitorado de Walsall North, e tinha acabado de fingir a própria morte.

Stonehouse nasceu em Southampton em 1925, filho de uma ex-cozinheira que se tornara prefeita da cidade. Ele se filiou ao Partido Trabalhista aos 16 anos e, depois de se formar na London School of Economics, começou a buscar um caminho na carreira política. Depois de duas tentativas fracassadas de conseguir um assento no parlamento, ele foi eleito parlamentar por Wednesbury, em Staffordshire, numa eleição suplementar de 1957. Foi chefe do Serviço Postal no governo de Harold Wilson, e então, depois que essa posição foi abolida em 1969, ministro dos Correios e das Telecomunicações. De muitas maneiras, Stonehouse foi, ao longo da década de 1960, o modelo exemplar de um político trabalhista moderno, sintonizado com o espírito de seu tempo, mas nuvens tempestuosas se reuniam sobre sua cabeça. Em 1969, ele foi obrigado a se defender das acusações de ser um espião para a Tchecoslováquia, e ainda que tenha conseguido, mesmo que por trás de portas fechadas, convencer Harold Wilson de sua inocência, os rumores persistiram. (Acredita-se hoje que ele tenha de fato espionado para um dos países do Pacto de Varsóvia, embora não de forma muito eficiente.)

Em 1974, já como parlamentar pelo eleitorado de Walsall North (seu assento por Wednesbury fora abolido, mas ele ganhou uma nova cadeira na eleição de fevereiro), Stonehouse enfrentava problemas crescentes. Suas finanças estavam em completa desordem. Várias companhias com as quais ele tinha envolvimento estavam ou à beira da falência ou ameaçadas com o que se provariam ser investigações constrangedoras do Departamento de Comércio e Indústria. Sua vida privada era quase tão complicada. Ele era um mulherengo em série havia tempos. Sua esposa, resignada, fazia vista grossa às ligações temporárias do marido, mas o que ela não sabia era que agora Stonehouse estava tendo um caso mais sério com a secretária, Sheila Buckley, 21 anos mais jovem. As paredes se fechavam sobre ele, e suas opções pareciam limitadas. Ele pegou um voo para a Flórida e se hospedou no Fontainebleau Hotel.

A pilha de roupas em uma praia de Miami sugeria que ele cometera suicídio. Mas será que era isso? Quase que imediatamente surgiram dúvidas de que Stonehouse tivesse mesmo se

1974 | Novembro

afogado. "As pessoas não acreditam que ele está morto", escreveu Tony Benn em seu diário apenas alguns dias depois que a notícia se espalhou. "Elas acham que, com os problemas financeiros nos quais estava metido, ele simplesmente desapareceu." É claro que os céticos estavam completamente certos. Enquanto as fofocas em Westminster especulavam sobre seu destino, Stonehouse viajava pelo mundo com seu novo passaporte, em nome de Joseph Markham (o nome de um constituinte recentemente falecido). Depois de viajar para San Francisco, Havaí e, brevemente, para Numeá, na Nova Caledônia, ele aterrissou na Austrália, chegando a Melbourne em 27 de novembro, uma semana depois de seu nada convencional check-out do Fontainebleau Hotel.

Mas sua viagem pelo mundo ainda não tinha terminado. Na sequência, ele voou para Copenhague, onde se encontrou com Sheila Buckley, e soube como os jornais britânicos estavam relatando seu desaparecimento. Em meio a um jornalismo mais sóbrio, as especulações corriam soltas. Outro parlamentar, William Molloy, foi citado sugerindo que a Máfia poderia ter algum envolvimento. "Por mais terrível que seja dizer isto", contou ele para o *Guardian*, "é quase certo que ele foi pego pela Máfia". Não ficou claro por que a Máfia estaria interessada no parlamentar da zona eleitoral de Walsall. Stonehouse se despediu da amante e retornou para Melbourne.

De volta à Austrália, suas transações pouco usuais em vários bancos, feitas sob o nome de Markham, despertaram a curiosidade da polícia estadual de Victoria. Seguindo informações sobre retiradas e transferências estranhas feitas por um indivíduo de aparência distinta, e que parecia ter pelo menos duas identidades (Stonehouse também usava o nome Mildoon, outro falecido de Walsall), os policiais colocaram o homem misterioso sob vigilância. Consideraram brevemente a possibilidade de que fosse Lord Lucan (ver p. 206), que também desaparecera em novembro, mas as notícias do suposto suicídio de Stonehouse também tinham chegado, assim como as especulações de que podia ter sido uma morte falsa. A polícia de Victoria entrou em contato com a Scotland Yard e pediu fotos dos dois homens.

As fotos chegaram, e Stonehouse foi preso na véspera do Natal. Qualquer possibilidade de que fosse Lord Lucan foi descartada, pois não havia no corpo do suspeito uma grande cicatriz que o nobre errante possuía. Em vez disso, a polícia foi capaz de identificar o homem que agora tinham em custódia como o parlamentar fugitivo. Mas mandá-lo de volta para a Grã-Bretanha para enfrentar as consequências não seria tarefa fácil. Depois de meses de disputas legais, durante os quais Stonehouse tentou pedir asilo primeiro na Suécia, e depois, quando os suecos não demonstraram interesse em aceitá-lo, nas Ilhas Maurício, onde o governo demonstrou a mesma falta de interesse, ele foi finalmente extraditado para a Grã-Bretanha, em julho de 1975.

Ele teimosamente se recusou a renunciar ao cargo de parlamentar e, como o Partido Trabalhista, com seu governo de minoria, precisava de cada voto que conseguisse, também não foi expulso. Ele continuou a aparecer em Westminster e a caminhar por seus corredores para votar. Em outubro de 1975, Stonehouse fez uma das declarações mais extraordinariamente pessoais já ouvidas na Câmara dos Comuns, por vezes falando sobre si na terceira pessoa. Ele tinha, disse, sido analisado por um eminente psiquiatra na Austrália. Essa pessoa concluíra que o parlamentar havia cometido um "suicídio psiquiátrico", que "tomou a forma de repúdio pela vida de Stonehouse, porque essa vida se tornara absolutamente intolerável para ele". Em explicações anteriores sobre seu comportamento, ele dissera: "Vários parlamentares fazem viagens de apuração de fatos no exterior. Eu estive apurando fatos sobre mim mesmo".

Poucas pessoas ficaram satisfeitas com essas tentativas de exonerar a si mesmo, e a lei logo alcançou Stonehouse. Ele foi indiciado por 21 acusações diferentes, incluindo fraude, conspiração para fraudar e desperdício de tempo da polícia. Depois de um julgamento em Old Bailey, que durou 68 dias, ele foi condenado e sentenciado a sete anos de prisão. Seu tempo de prisão foi encurtado por bom comportamento, e ele foi solto em agosto de 1979. Um homem livre novamente, Stonehouse começou a fazer trabalhos de caridade, filiou-se ao Partido Social-Democrata, escreveu vários romances e apareceu com regularidade na TV e no rádio para discutir seu desaparecimento. Sua saúde estava ruim. Ele sofrera uma série de ataques cardíacos na prisão e fora submetido a uma cirurgia cardíaca aberta. Stonehouse morreu em 14 de abril de 1988, depois de um ataque cardíaco fulminante. Estava com 62 anos. Sua estranha história chamou a atenção do público mais uma vez em janeiro de 2023, quando a ITV transmitiu uma dramatização dela em três partes.

A mensagem de Arecibo

Tentativas de fazer contato com inteligências alienígenas via ondas de rádio começaram tão logo que Marconi desenvolveu seus primeiros transmissores e receptores no final do século XIX. Em 1901, o gênio independente Nikola Tesla afirmou ter detectado um sinal de rádio vindo de Marte, que então se pensava ser, com toda probabilidade, um planeta desabitado. Ele passou vários anos tentando achar um jeito de estabelecer uma comunicação de rádio bilateral com os supostos marcianos.

Em 1974, é claro, qualquer crença de que Marte fosse habitado havia muito fora abandonada por cientistas de verdade e deixada para pessoas excêntricas e sem um parafuso. No entanto, persistiu a crença de que deveria haver extraterrestres em algum lugar na vastidão inimaginável do universo. Talvez o rádio oferecesse uma chance de mandar para eles a notícia da nossa existência. Essa mensagem foi enviada do radiotelescópio Arecibo, em Porto Rico, no dia 16 de novembro. Foi direcionada para Messier 13, um aglomerado globular com muitas dezenas de milhares de estrelas na constelação de Hércules. Esse aglomerado foi escolhido como destino da mensagem não só por causa do grande número de estrelas dentro dele, mas também porque sua idade, cerca de 11 bilhões de anos, sugeria que havia uma probabilidade muito maior de que uma civilização avançada tivesse se desenvolvido ali do que em partes mais jovens do universo.

A mensagem foi elaborada pelo astrofísico Frank Drake, que era então diretor do Centro Nacional de Astronomia e Ionosfera dos Estados Unidos, no qual estava o Observatório de Arecibo, com a ajuda do conhecido astrônomo e apresentador de TV Carl Sagan. O objetivo deles era propagandear as habilidades tecnológicas humanas e a extensão do nosso conhecimento científico. A mensagem codificava, em 1679 bits de dados, uma quantidade de fatos científicos básicos, incluindo os números atômicos de certos elementos químicos, a estrutura em hélice dupla do DNA e uma representação do sistema solar com a Terra em destaque. Uma figura em palito de um ser humano, com nossas dimensões médias e uma representação do número de pessoas na Terra também foram transmitidas.

A mensagem foi transmitida por apenas três minutos, e tinha um longo caminho para percorrer. No presente, já deve ter completado cerca de dois milésimos de sua jornada total, ou seja, quase quinhentos trilhões de quilômetros. Por causa das vastas distâncias envolvidas, espera-se que a mensagem de Arecibo alcance seu destino em cerca de 25 mil anos. Se alguém vai ou não a receber é outra questão. Em muitos aspectos, isso pouco importa. Nunca se pretendeu começar uma conversa de longa distância ao longo das eras. "Foi um evento estritamente simbólico, para mostrar que podíamos fazer", um dos cientistas que trabalhavam no Observatório de Arecibo disse posteriormente.

1974 | Novembro

Em 2001, cerca de 24.983 anos antes da data prevista para chegar ao seu destino, uma resposta à mensagem de Arecibo foi recebida. Veio na forma de um círculo em uma plantação em Hampshire. A resposta era uma réplica quase exata da mensagem original, só que a sílica substituía o carbono na lista de elementos químicos, e a figura humana se tornara uma grande e bulbosa figura de um ET. Infelizmente, a "resposta de Arecibo" foi quase com certeza o trabalho de astrônomos humanos do radiotelescópio Chilbolton, ali nas proximidades, em vez de ser obra de algum alienígena do aglomerado M13.

Primeiro teste dAASHeS

A primeira partida teste de críquete em uma série de seis entre a Austrália e o time visitante MCC ocorreu em Brisbane, em 29 de novembro. A turnê começara com vários jogos empatados contra os times estaduais, mas a Inglaterra entrou na primeira partida teste com um pouco da confiança advinda de duas vitórias, contra Nova Gales do Sul e Queensland. Essa confiança logo se mostrou incrivelmente equivocada. A partida teste em Brisbane também foi a primeira na qual se notou o que viria a ser a tão temida parceria fast *bowling* entre Dennis Lillee e Jeff Thomson. Os dois homens tinham jogado juntos em um único teste contra o Paquistão, dois anos antes, no que fora a única experiência internacional de Thomson antes da série Ashes, mas não havia sinais de futura grandeza. Na verdade, Thomson não marcara ponto algum contra o Paquistão. Agora o momento deles chegara.

O capitão australiano Ian Chappell venceu no cara ou coroa e escolheu rebater. Ele e seu irmão mais novo, Greg, marcaram 50 pontos cada, e o time ficou com 309, um placar respeitável, se não excelente, em uma partida difícil. Thomson fez três dos

59 primeiros *innings* da Inglaterra, suas primeiras eliminações, mas foi superado por seu amigo Max Walker, que mandou quatro rebatedores britânicos de volta para o pavilhão ao completar 73 corridas. A Inglaterra terminou com 262 pontos, e Tony Greig tinha feito uma centena deles. O total de 288 da Austrália contra os 5 declarados no segundo *innings* deixou a Inglaterra precisando de 333 pontos para a vitória. O palco estava pronto para Thomson. Avançando em tremenda velocidade, e com muita malícia, ele eliminou a maioria dos batedores de primeira linha da Inglaterra, terminando com 6 a 46, que continuaram sendo os melhores resultados de arremessos em sua carreira no teste. "Thomson assustava até a mim", comentou o ex-jogador australiano Keith Miller. "E eu estava sentado a duzentas jardas de distância."

Ao longo da série de partidas teste que se seguiram, Thomson e Lillee rapidamente se tornaram os bichos-papões dos batedores ingleses. "Ashes a Ashes, do pó ao pó, se Thomson não pegar você, Lillee vai", dizia a manchete de um jornal australiano. Embora fosse um grande fator no sucesso dos australianos, a crescente parceria entre os dois não foi a única razão pela qual as séries terminaram, em fevereiro de 1975, com a vitória da Austrália em quatro partidas e um empate. Esse era um time australiano repleto de excelentes jogadores. Os irmãos Chappell, Ian e Greg, eram batedores formidáveis, ambos figurando entre os vinte melhores artilheiros em partidas teste; Rod Marsh foi indiscutivelmente o maior goleiro de seu país; e Doug Walters foi outro batedor muito admirado que completou mais de 5 mil corridas em uma carreira em testes que durou dezesseis anos. O time inglês de Mike Denness também tinha suas próprias estrelas — os batedores veteranos Colin Cowdrey e John Edrich, o goleiro Alan Knott, o polivalente Tony Greig e os jovens arremessadores, o *offspinner* Derek Underwood e o fast bowler Bob Willis —, mas todos eles descobriram que Lillee e Thomson eram difíceis demais de controlar. "Era fácil acreditar", foi registrado na bíblia do críquete, Wisden, "que eles eram realmente a dupla mais rápida que já jogou ao mesmo tempo em uma equipe de críquete".

Dezembro

Liberdade condicional
Filme lançamentos
Prisão
Governo
Julgamento
Confronto
Funeral
Andreas Baader
Fração do Exército Vermelho
Hollywood
Ciclone Tracy

Jean-Paul Sartre

O filósofo e escritor francês Jean-Paul Sartre faz uma visita bastante divulgada ao prisioneiro Andreas Baader, líder da Fração do Exército Vermelho. O último episódio do Circo voador de Monty Python é transmitido pela BBC. Em Hollywood, O poderoso chefão 2 é lançado. Na Birmânia, o funeral do ex-secretário-geral das Nações Unidas, U Thant, desencadeia tumultos e confrontos entre o governo e os manifestantes. Um homem é liberto de uma prisão na Indiana após passar 66 anos lá dentro. Durante os feriados de Natal, o ciclone Tracy destrói quase completamente a cidade australiana de Darwin.

Jean-Paul Sartre visita AnDreaS Baader

Em dezembro de 1974, o francês Jean-Paul Sartre, de 69 anos, era provavelmente o filósofo vivo mais famoso. Andreas Baader era um dos guerrilheiros urbanos mais notórios do mundo, um dos líderes do grupo terrorista alemão de extrema esquerda conhecido como *Rote Armee Fraktion* (RAF). Na verdade, o *Rote Armee Fraktion* é muitas vezes referido como Gangue Baader--Meinhof. Quando Sartre anunciou sua decisão de visitar Baader na prisão de alta segurança de Stammheim, perto de Stuttgart, era certo que a visita se tornaria manchete em todo o mundo.

Na década de 1970, o *Rote Armee Fraktion* foi responsável por uma série de atentados a bomba, sequestros, assaltos a bancos e assassinatos de motivação política. Andreas Baader foi preso pela polícia depois de um tiroteio em Frankfurt, em junho de 1972, e estava sendo mantido em Stammheim, aguardando julgamento. Na época da visita de Sartre, mais de dois anos depois, Baader e outros prisioneiros do *Rote Armee Fraktion* estavam no meio de uma greve de fome. Na verdade, no mês anterior, Holger Meins, que fora preso no mesmo momento em que Baader, fez greve de fome até morrer. Antes de sua visita, Sartre fizera pronunciamentos à imprensa que sugeriam que ele era, de certa forma, simpático ao grupo Baader-Meinhof, que descrevera como "uma força interessante" com um "sentimento pela revolução".

A visita em si não correu bem. Sartre estava preparado para fazer declarações de apoio ambivalentes depois que tudo estivesse terminado. Baader e os outros prisioneiros do *Rote Armee Fraktion* estavam sendo mantidos em confinamento solitário e, assim, segundo Sartre, sofriam torturas. Não era "tortura como a dos nazistas", ele admitiu, mas era um tipo de tortura que levaria a "distúrbios psicológicos". (Algumas pessoas mais tarde sugeriram que o filósofo, que, naquele estágio da vida, sofria de pouca visão, na verdade confundiu a sala de visitas parcamente mobiliada com a cela de Baader.) No entanto, Sartre e Baader não parecem ter tido um encontro de mentes durante sua conversa de horas. "*Quel con!*", dizem que Sartre exclamou mais tarde. "Que idiota!", Baader menosprezou Sartre em mensagens secretas para seus companheiros de prisão, dizendo que não passava de um velho que não entendia o que ele, Baader, estava dizendo. Segundo um oficial do Escritório Estatal de Investigação Criminal de Baden-Württemberg, "durante e depois da conversa, Baader parecia abatido e desapontado por Sartre não aprovar sem reservas as ações da gangue Baader-Meinhof".

Em outubro de 1977, Baader e dois outros membros do *Rote Armee Fraktion* foram encontrados mortos em suas celas em Stammheim. Supostamente, eles tinham se matado em um pacto suicida, embora permaneçam suspeitas de que a história completa de suas mortes jamais emergiu, e teorias da conspiração continuam a florescer.

O episódio final de Monty Python's Flying Circus

"Esta é uma transmissão partidária", uma voz entoa, "em nome do Partido Liberal". O que se segue não é nada disso. Pelo contrário, começa o episódio final do anárquico e altamente influente programa de comédia da TV BBC, *Monty Python's Flying Circus* [O circo voador de Monty Python]. A sequência familiar de abertura das temporadas anteriores se desenrolou ao som da

1974 | Dezembro

marcha de John Philip Sousa, "The Liberty Bell", seguida por um pé animado gigante, adaptado de uma pintura do artista italiano do século XVI, Bronzino, descendo do céu, acompanhado pelo som de uma almofada de pum. Essa abertura havia sido abandonada em grande parte da última temporada, cujo primeiro episódio estreara em 31 de outubro de 1974. Ao contrário das três temporadas anteriores, cada uma formada por treze episódios, esta só tinha seis. E o final foi transmitido na BBC 2 em 5 de dezembro, às 21 horas.

O grupo Python fora formado cinco anos antes. Michael Palin e Terry Jones tinham estado em Oxford; John Cleese, Graham Chapman e Eric Idle tinham estudado em Cambridge, e eles todos eram membros do famoso Footlights Club. A trupe foi completada pelo animador e futuro diretor de cinema estadunidense Terry Gilliam. Depois de se formarem em suas respectivas universidades, todos os membros ingleses trabalharam como roteiristas e artistas em esquetes de vários programas de comédia. Cleese, o mais velho e provavelmente o mais conhecido antes de Python, apareceu no *The Frost Report*, na BBC 1, inclusive em seu famoso esquete "Classe". Alto e aristocrático, ele olhava por sobre o nariz para o homem de classe média, Ronnie Barker, e para Ronnie Corbett, que representava o homem da classe trabalhadora. Jones, Palin e Idle tinham todos sido integrantes do elenco de *Do Not Adjust Your Set*, um espetáculo pensado originalmente para crianças, mas que rapidamente conquistou a audiência adulta por causa de seu humor peculiar. Em parceria com Cleese, Chapman escrevera para comediantes como Roy Hudd e Marty Feldman, e se juntara a ele na performance de *At Last the 1948 Show*, outro programa de esquetes que serviu de inspiração para Python, e que foi transmitido pela ITV em 1967.

Em 1969, planos para um novo programa de esquetes na BBC logo começaram a tomar forma. Os Python em formação e Ian MacNaughton, que seria o diretor de quase todos os episódios, exceto por quatro deles, se encontraram para trocar ideias. Vários nomes para o novo programa foram considerados, incluindo *Owl Stretching Time* [A hora em que a coruja de alonga], *The Toad Elevating Moment* [O momento dos desprezíveis] e *Bunn, Wackett, Buzzard, Stubble and Boot*, antes de se decidirem por *Monty Python's Flying Circus*. Quando as gravações começaram, os pedidos ao departamento de cenografia eram um indicativo prévio do aspecto surrealista do que estava por vir. Um deles pediu "uma cópia da pintura *The Fighting Temeraire*, de Turner, [...] em uma moldura destacável que possa ser quebrada e comida". Logo veio a resposta de que "todos os adereços comestíveis devem ser obtidos com a gerência de serviços alimentícios".

Transmitido às 22h50 do dia 5 de outubro de 1969, o primeiro episódio do novo programa foi visto por uma audiência de 1 milhão e meio de pessoas. Um memorando da BBC na época, descrevendo algumas pesquisas de marketing, revela que foi aprovado por 45% de um pequeno grupo foco de espectadores. Não teve necessariamente a aprovação dos gerentes sêniores da BBC na época. Um deles confidencialmente descreveu o programa como "nojento"; outro achava que era "niilista e cruel". Até o controlador da BBC 1 era da opinião, não tornada pública na época, de que a equipe "ultrapassava continuamente a margem do que é aceitável".

Apesar de qualquer escrúpulo que os chefões da BBC pudessem ter, a audiência cresceu, e o programa logo passou de algo cult no final da noite para se tornar a comédia mais influente de sua época. Agora esquetes lendários, tornados familiares, talvez até demais depois de tantas vezes repetidos, apareciam pela primeira vez: o Papagaio Morto, na temporada 1, o Ministério das Caminhadas Tolas e "Ninguém espera a inquisição espanhola", na temporada 2. Olhando em retrospecto, poucos fãs de Monty Python diriam que a temporada final tinha algo para se igualar a esses clássicos. John Cleese deixara o grupo a essa altura, acreditando que já tinham feito o que podiam com o formato de programa de esquete. Embora o material que ele e Chapman criaram tenha sido incluído na última temporada, ele fez falta. Um crítico mais tarde escreveu que "a ausência física de Cleese é como assistir a uma apresentação dos Rolling Stones sem o Mick Jagger". No entanto, embora o programa de esquetes na TV tivesse chegado ao fim, o estilo Monty Python de fazer comédia ainda não. Em 1975 ocorreu o lançamento de seu primeiro filme inteiramente original, *Monty Python em busca do cálice sagrado*. Mais filmes se seguiram, principalmente *A vida de Brian* e *O sentido da vida*; espetáculos ao vivo que lotavam grandes arenas; e, ao longo das décadas, gerações de novos fãs, muitos deles nem nascidos quando a última temporada foi transmitida, continuaram felizes a recitar, uns para os outros, falas individuais e, na verdade, esquetes inteiros de *Monty Python*.

A crise no funeral de U Thant

U Thant, que foi secretário-geral da ONU entre 1961 e 1971, morreu em Nova York, em 25 de novembro de 1974. Seu corpo foi levado de volta para Rangum, capital de seu país natal, Birmânia (agora Mianmar). Na época, assim como agora, o país era governado por uma junta militar, e não havia muita afinidade entre U Thant e o presidente da Birmânia, Ne Win. Não só Ne Win provavelmente tinha inveja da fama mundial do diplomata e de sua popularidade na Birmânia, mas também tinha ciência de que U Thant fora um apoiador proeminente do regime mais democrático que Ne Win derrubara doze anos antes. Por causa disso, ele negou ao falecido secretário-geral a honra de um funeral de estado. E mais, ele decretou que não haveria envolvimento algum do governo na cerimônia. Essa atitude indignou um grupo de estudantes da Universidade de Rangum, para quem U Thant se tornara um poderoso símbolo das liberdades perdidas.

Em 5 de dezembro, dia do funeral, o caixão de U Thant foi levado pelas ruas, acompanhado por milhares de pessoas de luto, até o hipódromo da cidade, onde foi colocado em exibição antes do enterro. Nessa altura, os estudantes pegaram o caixão e o levaram até o campus da universidade, onde realizaram sua própria cerimônia alternativa para o falecido. Discordâncias entre diferentes grupos de estudantes, alguns mais radicais do que outros, se exacerbaram. O caixão foi levado novamente, em 8 de dezembro, até o lugar onde um mausoléu temporário estava sendo construído. Enrolado em uma bandeira da ONU e cercado por outras faixas, inclusive a bandeira do sindicato dos estudantes, considerada ilegal, o caixão se tornou o foco de manifestações contra o governo autoritário de Ne Win. Os discursos feitos eram cada vez mais críticos ao regime. Era só questão de tempo até que o governo afirmasse seu poder. Instituições educacionais foram fechadas temporariamente, e todas as comunicações com o mundo exterior foram encerradas.

Quase uma semana depois do sequestro do caixão, em 11 de dezembro, mais de mil soldados e policiais atacaram o campus da universidade, derrubando barreiras que tinham sido erguidas ao redor de algumas partes. Abriram fogo nos estudantes que protegiam o mausoléu temporário, matando vários deles e se apossando do corpo de U Thant mais uma vez. O caixão foi levado para ser enterrado no mausoléu construído pela família do diplomata. Os tumultos dos estudantes e de monges budistas continuaram durante vários dias. Edifícios foram destruídos; carros, incendiados; e delegacias de polícia, atacadas. O governo declarou lei marcial. Mais de 4 mil prisões foram feitas, e, entre mais disparos feitos pelos soldados, mais vidas foram perdidas.

O lançamento de O poDeros0 chefão 2

Os anos 1970 foram uma década extremamente importante na história do cinema estadunidense, com o sucesso contínuo do que veio a ser conhecido como "Nova Hollywood" e o surgimento

1974 | Dezembro

de novos diretores importantes. E 1974 foi um ano significativo, de grande variedade. O gosto por filmes com catástrofes grandiosas, sucesso de público, estava no auge. *Inferno na torre* e *Aeroporto 75* estavam entre os dez filmes de maior bilheteria do ano. Alguns diretores veteranos, que fizeram seus nomes na "Era de Ouro de Hollywood", ainda estavam na ativa. Billy Wilder, por exemplo, lançou *A primeira página*, uma refilmagem de um clássico de sucesso da década de 1930, estrelando Walter Matthau e Jack Lemmon. Outros diretores com trabalhos substanciais no portfólio também estavam com filmes novos. *Tragam-me a cabeça de Alfredo Garcia*, de Sam Peckinpah, *O grande Gatsby*, de Jack Clayton, *Juggernaut, inferno em alto-mar*, de Richard Lester, *Assassinato no Expresso Oriente*, de Sidney Lumet (com Albert Finney no papel de Hercule Poirot), *Os três discípulos da morte*, faroeste de Richard Fleischer, e *As sementes de tamarindo*, de Blake Edwards, foram todos lançados em 1974. *Chinatown*, de Roman Polanski, estrelando Jack Nicholson e Faye Dunaway, foi saudado como uma obra-prima neo-noir quando chegou às telas do cinema, em junho.

O gênio da comédia Mel Brooks iniciou sua carreira com *Banzé no Oeste* e *Jovem Frankenstein*, os dois lançados naquele ano. *O massacre da serra elétrica*, um filme apelativo e barato sobre uma família de canibais, dirigido por um desconhecido chamado Tobe Hooper, se tornou um sucesso inesperado. Dois diretores que depois iriam para projetos maiores e melhores fizeram suas estreias: Oliver Stone, com um filme de terror de baixo orçamento chamado *Seizure*, e Jonathan Demme, com o filme de mulheres na prisão, produzido por Roger Corman, *Celas em chamas*. John Carpenter, futuro diretor de clássicos do terror como *Halloween, a noite do terror* e *O enigma de outro mundo*, também lançou seu filme de estreia, com a comédia de ficção científica *Dark Star*. Michael Cimino, que alcançou a glória de ganhar um Oscar com *O franco-atirador*, e que quase faliu um estúdio com o faroeste absurdamente caro *O portal do paraíso*, fez seu primeiro longa-metragem, *O último golpe*. No entanto, o estreante mais significativo para o futuro de Hollywood naquele ano foi, sem dúvida alguma, Steven Spielberg. Três anos antes, ele fizera um filme para TV, *Encurralado*, tão impressionante que ganhou lançamento no cinema em vários países, mas seu primeiro longa-metragem foi *Louca escapada*, que apareceu nas telas de cinema dos Estados Unidos em março de 1974.

A maioria dos diretores de renome da Nova Hollywood teve trabalhos lançados em 1974, embora não sempre os mais típicos. *Alice não mora mais aqui*, de Martin Scorsese, era uma comédia gentil, agora espremida na filmografia do diretor entre as brutais histórias de crime *Caminhos perigosos* e *Taxi driver*; *Renegados até a última rajada*, de Robert Altman, foi adaptado de um romance da década de 1930 sobre assaltantes de banco condenados; *Daisy Miller*, de Peter Bogdanovich, foi um filme de época baseado em uma novela de Henry James; Brian De Palma, trabalhando com o cantor e compositor Paul Williams, criou sua própria versão musical em rock da história de *O fantasma da ópera*, em *O fantasma do paraíso*, um fracasso de bilheteria na época, mas agora um filme cult.

Em 1974, o diretor da Nova Hollywood mais importante e influente era, sem dúvida, Francis Ford Coppola. Sua primeira contribuição para os filmes do ano foi o mistério discreto *A conversação*, estrelando Gene Hackman, que foi lançado em abril e conquistou a prestigiosa Palma de Ouro no Festival de Cinema de Cannes no mês seguinte. A segunda foi *O poderoso chefão 2*, sequência do filme épico estrelando Marlon Brando como o chefe da máfia, Don Vito Corleone, que aparecera nas telas de cinema dois anos antes. O novo filme contava histórias paralelas em dois períodos distintos. Uma seguia a ascensão do jovem Vito Corleone (Robert De Niro) da pobreza na Sicília até a fundação dos negócios da família na década de 1920, em Nova York; a outra trazia Al Pacino como o filho de Vito, Michael, que herdara o poder do pai.

1974 | Dezembro

No lançamento de *O poderoso chefão 2*, em dezembro de 1974, os críticos ficaram divididos. A lendária Pauline Kael, uma mulher nem sempre fácil de agradar, ficou muito impressionada. "A ousadia da *Parte 2*", ela escreveu em uma crítica no *The New Yorker*, "é que ela aumenta o escopo e aprofunda o significado do primeiro filme; *O poderoso chefão* foi o maior filme de gângster já feito, e tinha conotações metafóricas que o levavam muito além do gênero gângster. Na *Parte 2*, os temas mais amplos não estão meramente implícitos. O segundo filme mostra as consequências das ações do primeiro; é tudo um grande filme, em dois grandes pedaços, e tudo se junta em sua mente enquanto você assiste". Com poucos anos de uma carreira que mais tarde o tornaria o crítico de cinema mais conhecido dos Estados Unidos, Roger Ebert não tinha tanta certeza. Ele achava que havia "várias cenas boas e interpretações boas em meio a uma massa de material indisciplinado e mutilado por uma construção de enredo que impede a história de se formar realmente". A opinião popular, na época e desde então, concordou mais com Kael do que com Ebert. *O poderoso chefão 2* acabou conquistando o prêmio de melhor filme e melhor diretor, juntamente com outros prêmios, no Oscar de 1975. É agora considerado um dos maiores filmes estadunidenses de todos os tempos.

Homem é liberto Da prisão Depois de 66 anos

Na manhã de 9 de dezembro, um prisioneiro foi levantado de sua cama e avisado para se preparar, pois seria solto da Penitenciária Estadual de Indiana, na cidade de Michigan. Johnson Van Dyke Grigsby, filho de escravizados libertos, estava recebendo liberdade condicional por um crime que cometera 67 anos antes, em 1907. Em 3 de dezembro daquele ano, ele estava em um bar em Anderson, Illinois, jogando pôquer, quando entrou em uma briga com um homem branco chamado James Brown. A discussão se transformou em luta física, e Brown ameaçou Grigsby com uma faca. Grigsby saiu para resgatar sua própria faca em uma loja de penhores e voltou com ela para o bar. Brown jogou uma cadeira nele, e então Grigsby avançou sobre seu oponente com a faca, infligindo o ferimento do qual Brown morreria mais tarde. Grigsby afirmava que sua vítima poderia ter se salvado se tivesse sido sensata. "Ele estava sangrando, mas estava tão bêbado que não quis ver um médico [...]. Ficou no bar como um maluco ou coisa assim, em vez de ir para o hospital. Era um tolo, era isso o que ele era [...]. Ele só ficava dizendo 'não preciso de ajuda'. Nós chegamos a levar um médico até a casa dele, mas ele foi para a cama e não quis vê-lo". Condenado por assassinato em segundo grau, Grigsby foi mandado para a prisão em Indiana, transportado até lá em uma carroça que levou vários dias para fazer a viagem.

Nas décadas que passou aprisionado, ele provou ser um prisioneiro exemplar, passando muito tempo lendo sua Bíblia e uma enciclopédia que chamava de "livro incrível". Apesar do bom comportamento, todos os seus vários pedidos de liberdade condicional foram negados. Foi só quando ele se tornou um idoso de 89 anos que lhe disseram que estava finalmente livre para partir. Ele passara lá dentro 66 anos, quatro meses e um dia. Suas poucas posses consistiam em uma Bíblia, um relógio, um spray para os pés e um pacote de tabaco. Como era de esperar, Grigsby se tornara totalmente adaptado à vida da prisão nos mais de 24 mil dias que passou atrás das grades. Depois de sua soltura, ele foi incapaz de lidar com a vida fora dos muros da prisão. Dezessete meses depois, ele retornou voluntariamente para dentro da cela. Deixaria a penitenciária de vez apenas em agosto de 1976. "Estive aqui muito tempo", dizem que ele falou ao sair. "Não vou voltar." Sua nova residência era uma casa de repouso no condado de Marion, em Indiana. Outros prisioneiros dos Estados Unidos cumpriram sentenças ainda mais longas (Francis Clifford Smith, por exemplo, ficou encarcerado por mais de 70 anos antes de finalmente ser solto, em julho de 2020), mas o caso de Grigsby se tornou o exemplo mais famoso de prisão em longo prazo. Ele se tornou suficientemente conhecido para que Johnny Cash escrevesse uma música, "Michigan City Howdy Do'", sobre ele. Johnson Van Dyke Grigsby morreu em maio de 1987, aos 101 anos. "Coloquei toda minha fé em Deus", disse ele uma vez. "Deve haver um significado para isso".

O ciclone Tracy Atinge Darwin, Na Austrália

Um dos piores desastres na história australiana do século XX devastou Darwin, capital do Território Norte, no último mês de 1974. A cidade foi atingida e praticamente varrida do mapa pelo ciclone Tracy. Ainda sem nome, o ciclone teve suas origens em distúrbios climáticos na Sibéria no início de dezembro, que se deslocaram cada vez mais para o sul. No dia 21 daquele mês, uma tempestade se desenvolveu nos mares a nordeste de Cape Don, um farol bem na ponta da Península de Cobourg, a pouco mais de 350 quilômetros de Darwin. Às 22 horas daquele dia, a formação foi designada oficialmente como um ciclone tropical. A essa altura, os moradores de Darwin, se é que sabiam disso, não estavam preocupados. Já tinham ouvido previsões sinistras sobre outro ciclone, o Selma, que havia sido relatado como vindo na direção deles. No fim, ele acabou se desviando da cidade. Então, quando começaram a ouvir falar do Tracy, muitos ignoraram as notícias. Até Ray Wilkie, que era diretor do Bureau de Meteorologia e soara o alarme, ficou com receio de estar fazendo tempestade em copo d'água, na véspera de Natal. "Deu para ver um pouco de vento na bandeirola do posto de gasolina, o suficiente para movê-la. Era um vento bem gentil." Mas logo tudo mudou. O ciclone atingiu a cidade bem no feriado de Natal.

235

Rajadas de vento atingiram mais de 200 km/h antes que os instrumentos de medição falhassem. Estimativas posteriores do Bureau de Meteorologia sugeriram que, no auge, os ventos ultrapassaram os 240 km/h. Navios afundaram no porto. No aeroporto, dezenas de aviões foram completamente destruídos ou muito danificados. Mais de 70% das edificações da cidade foram destruídas, e mais da metade da população ficou desabrigada. "Darwin tinha, por algum tempo, deixado de existir", segundo os líderes dos principais serviços de emergências. Estimativas sobre o número de vidas perdidas variam de 66 a mais de 200.

Os relatos de testemunhas dão uma ideia do terror que o ciclone trouxe à cidade. "O barulho fica com você para sempre", lembra-se Barry Clarke, que tinha dez anos na época e que se escondeu embaixo da cama em um quarto cheio não só com sua própria família, mas com moradores de outras duas casas que já tinham sido destruídas. "Nunca mais ouvi o vento uivar daquele jeito, e a chuva era simplesmente torrencial. Enquanto tudo aquilo continua, você só fica pensando: quando vai acabar? Á água começou a invadir as paredes — descobrimos pela manhã que tudo o que havia entre nós e os elementos da natureza era o teto. O telhado da casa tinha sido levado."

Outra pessoa que estava presente na pior tempestade de todas foi o britânico de 25 anos chamado Ian Cordery, que visitava a cidade. "Achei que fosse morrer naquela noite, sem dúvida", disse ele a um repórter de Sydney décadas depois. Quando olhou para fora, às 6h30 da manhã de Natal, mal conseguia acreditar no que estava vendo. "Não havia mais casas. Cada casa da rua em que eu estava havia desaparecido." Agora tudo o que havia era "rua após rua de devastação". Logo depois da passagem do ciclone Tracy, parecia que a cidade jamais se recuperaria. "Não há outra escolha a não ser evacuar Darwin", disse Alan Stretton, diretor-geral da organização de desastres naturais. "Não há mais nada aqui. A cidade foi quase completamente destruída, e a opinião unânime das pessoas é que ela devia ser demolida e reconstruída". Por um tempo, os moradores de Darwin ficaram espalhados pela Austrália, mas havia a determinação de trazer sua cidade de volta à vida. Ao custo de mais de 600 milhões de dólares, Darwin foi reconstruída do zero. Hoje, tem uma população de 140 mil habitantes e prospera mais uma vez.

Bibliografia

1974: Cenas de um ano de crises é escrito para o público em geral, e não para especialistas em história, então não sobrecarreguei o texto com notas de rodapé. No entanto, a seguinte bibliografia lista livros que consultei durante a escrita e oferece sugestões de mais leituras para todos os interessados nos assuntos que tratei (necessariamente) de maneira breve.

Augar, Philip; Winstone, Keely. Agent Twister: John Stonehouse and the Scandal That Gripped the Nation. Londres: Simon & Schuster, 2022.

Barker, Stuart. Life of Evel: Evel Knievel. Londres: HarperSport, 2010.

Beckett, Andy. When the Lights Went Out: Britain in the Seventies. Londres: Faber, 2010.

Berg, A. Scott. Goldwyn: A Biography, Londres: Hamish Hamilton, 1989.

Boatswain, Tim. A Traveller's History of Cyprus. Interlink Books, 2005.

Charney, Michael W. A History of Modern Burma. Cambridge: Cambridge University Press, 2009.

Crouch, Terry. The World Cup: The Complete History. Londres: Aurum, 2002.

Cunningham, Sophie. Warning: The Story of Cyclone Tracy.

Melbourne: Text Publishing, 2014.

DeGroot, Gerard. The Seventies Unplugged: A Kaleidoscopic Look at a Violent Decade. Londres: Macmillan, 2010.

Dheenshaw, Cleve. The Commonwealth Games: The First Sixty Years 1930-1990. Victoria: Orca Books, 1994.

Figueiredo, Antonio de. Portugal: Fifty Years of Dictatorship. Londres: Penguin, 1975.

Gambaccini, Paul; Rice, Tim *et al.* The Complete Eurovision Song Contest Companion. Londres: Pavilion Books, 1998.

Graebner, William. Patty's Got a Gun: Patricia Hearst in 1970s America. Chicago: University of Chicago Press, 2008.

Harper, William T. Eleven Days in Hell: The 1974 Carrasco Prison Siege at Huntsville, Texas. Denton: University of North Texas Press, 2004.

Hasse, John. Beyond Category: The Life and Genius of Duke Ellington. Nova York: Simon & Schuster, 1993.

Hayes, Julian. Stonehouse: Cabinet Minister, Fraudster, Spy. Londres: Robinson, 2021.

Hitt, David; Garriott, Owen and Kerwin, Joe. Homesteading Space: The Skylab Story. Lincoln: University of Nebraska Press, 2008.

Hoffer, Richard. Bouts of Mania: Ali, Frazier and Foreman and an America on the Ropes. Londres: Aurum, 2014.

Johanson, Donald C & Edey, Maitland A. Lucy: The Beginnings of Humankind. Londres: Granada Publishing, 1981.

Kapuściński, Ryszard. The Emperor: Downfall of an Autocrat. San Diego: Harcourt Brace Jovanovich, 1983.

Mailer, Norman. The Fight. Londres: LittleBrown, 1975.

Man, John. The Terracotta Army: China's First Emperor and the Birth of a Nation. Londres: Bantam Press, 2007.

Marcus, Harold G. A History of Ethiopia: Updated Edition. Berkeley, CA: University of California Press, 2002.

McGladdery, Gary. The Provisional IRA in England: The

Bombing Campaign 1973-1997. Dublin: Irish Academic Press, 2006.

McKinstry, Leo. Sir Alf: A Major Reappraisal of the Life and Times of England's Greatest Football Manager. Londres: Harper-Sport, 2006.

Oliver, Brian. The Commonwealth Games: Extraordinary Stories behind the Medals. Londres: Bloomsbury, 2014.

Pedahzur, Ami. The Israeli Secret Services and the Struggle Against Terrorism. Nova York: Columbia University Press, 2010.

Rolls, Albert. Stephen King: A Biography. Westport: Greenwood Press, 2008.

Sandbrook, Dominic. Seasons in the Sun: The Battle for Britain 1974-1979. Pinguin Books Limited, 2012.

Sandbrook, Dominic. State of Emergency: The Way We Were: Britain 1970-1974. Pinguin Books Limited, 2010.

Souness, Howard. Seventies: The Sights, Sounds and Ideas of a Brilliant Decade. Londres: Simon & Schuster, 2006.

Thomas, Clem & Thomas, Greg. 125 Years of the British and Irish Lions: The Official History. Edimburgo: Mainstream Publishing, 2013.

Thompson, Laura. A Different Class of Murder: The Story of Lord Lucan. Londres: Head of Zeus, 2014.

Toobin, Jeffrey. American Heiress: The Wild Saga of the Kidnapping, Crimes and Trial of Patty Hearst. Londres: Profile Books, 2017.

True, Everett. Hey Ho Let's Go: The Story of the Ramones. Londres: Omnibus Press, 2002.

Turner, Alwyn W. Crisis? What Crisis?: Britain in the 1970s. Londres: Aurum Press, 2009.

Werth, Barry. 31 Days: The Crisis That Gave Us the Government We Have Today. Nova York: Doubleday, 2008.

Wheen, Francis. Strange Days Indeed: The Golden Age of Paranoia. PublicAffairs, 2010.

Agradecimentos

Meus agradecimentos vão inicialmente para meu editor, Ion Mills, que me encorajou a avançar no tempo e escrever essa sequência do meu livro anterior, 1922. Também gostaria de agradecer a todos os colegas de equipe de Ion na Oldcastle Books cuja amizade e profissionalismo tornaram o relacionamento com a empresa um prazer tão grande: Ellie Lavander, que sempre estava disposta a ajudar e a aconselhar; Lisa Gooding; Sarah Stewart-Smith; e Demi Echezona. Jayne Lewis e Steven Mair mais uma vez usaram suas habilidades excepcionais de edição de texto e revisão para corrigir os erros no meu manuscrito original; qualquer problema que tenha sobrado é minha responsabilidade. Elsa Mathern produziu uma capa incrível para o livro, assim como fez para 1922.

Como sempre, amigos e familiares forneceram encorajamento durante os meses em que pesquisei e escrevi sobre 1974. Amor e agradecimento à minha irmã, Cindy Rennison, à minha mãe, Eileen Rennison, e à minha família alemã, Wolfgang, Lorna e Milena Lüers. Em uma série de telefonemas, meu grande amigo, David Jones, apresentou muitas ideias excelentes sobre assuntos para incluir no livro, que é dedicado a ele. Outros amigos que gentilmente sugeriram tópicos de 1974 ou ouviram pacientemente, ao telefone ou pessoalmente, enquanto eu divagava sobre os acontecimentos/ daquele ano, são: John e Karen Magrath, Hugh Pemberton, Susan Osborne, Richard e Jane Monks, Dr. Kevin Chappell, Anita Diaz, Travis Elborough, Andrew Holgate e Graham Eagland. Agradeço a todos eles. Também devo agradecer a Heather, Marcus, Hettie, David, Caitlin, Debs, Liam, Liv, Leah, Harrison, Joe, Amber e a todos os outros funcionários (desculpe por não poder mencionar todos os nomes) da Funky Monkey em Davenport, a cafeteria mais simpática da Grande Manchester, que, na maioria dos dias, me manteve devidamente abastecido com cafeína durante a escrita deste livro. Ao escrever sobre 1974, assim como em todo o trabalho que faço, minha maior dívida é com minha esposa, Eve, cujo amor, apoio e encorajamento estão sempre presentes.

Índice remissivo

Abba 75, 79, 80, 81, 103
África do Sul 35, 97, 110, 111, 112, 208
Alemanha Ocidental 55, 56, 75, 79, 81, 82, 99, 133, 137, 138, 139, 166, 191
Alemanha Oriental 81, 82, 83, 137, 138
Ali, Muhammad 23, 26, 27, 28, 127, 158, 189, 197, 198, 199, 200
Ambassadors Theatre 63
Amin, Idi 31
Anne, princesa 59, 67, 68, 69, 196
Argentina 133, 136, 137, 138, 192
armas nucleares 107
Aspinall, John 209
Ataque à bomba em Guildford 195, 196
Atentado à bomba em Birmingham 211
Attenborough, Richard 62
Austrália 31, 33, 35, 52, 125, 203, 215, 216, 219, 220, 235, 237

Baader, Andreas 223, 225, 226
Bakić, Vojin 166
Ball, Ian 67, 68, 69, 70, 101
Baryshnikov, Mikhail 128, 129
Bayi, Filbert 34
BBC 55, 56, 57, 63, 79, 119, 165, 194, 211, 223, 226, 227, 228
Beaton, James 67, 68, 70
Beckenbauer, Franz 139, 140
Beckett, Andy 43, 46
Bedford, David 34, 209
Benn, Tony 44, 215
Bernstein, Carl 153, 155
Best, George 94
Birmânia (atual Mianmar) 223, 229
Blanco, Luis Carrero 179, 180
Böll, Heinrich 56
Bomba no ônibus na M62 46
Bourguiba, Habib 32, 33
Bowie, David 97, 105, 106
Boyle, Raelene 34
Brandt, Willy 79, 81, 82, 83, 84
Brasil 42, 66, 91, 99, 137, 138, 139

Breitner, Paul 140
British e Irish Lions 110
Brown, James 104, 111, 234
Buckley, Sheila 214, 215
Busby, Matt 94

Caeiro, Celeste 91, 92
Caetano, Marcello 89, 90, 91
Cafeteria Rolando 179, 180, 181
Callaghan, Jim 141, 162
Callender, Alexander 68, 70
Cânion do rio Snake 169, 185, 186
Carrasco, Frederico Gomez 147, 148, 149
Carr, Gerald 50, 51
Carrie, a estranha 93
Carr, Robert 210
Carter, Jimmy 89, 176
Cash, Johnny 235
Chapman, Graham 227, 228
Charlton, Bobby 94
Chenault, Marcus Wayne 129, 130, 131
Chipre 133, 140, 141, 142
Chirac, Jacques 78
Christchurch 23, 33, 34, 35
Christie, Agatha 59, 62, 63, 64
Chubbuck, Christine 133, 145, 146
Ciclone Tracy 223, 235, 236
Circo voador de Monty Python 223, 226
Cleese, John 227, 228, 229

Clube CBGB 151, 160
Código de barras 122, 123
Connors, Jimmy 133, 143, 144
Cooper, Henry 201
Copa do Mundo 97, 99, 101, 133, 137, 138, 139
Coppola, Francis Ford 232
Cosell, Howard 198
Court Line Aviation 151, 162
Cracóvia 191
Críquete 219
Cruyff, Johan 138, 139, 140

Dalyell, Tam 119
Darwin, Austrália 223, 235, 236, 237
Davies, Gerald 110
Dayan, Moshe 108, 109
Declaração de Djerba 23, 32, 33
DeFreeze, Donald 85, 86, 87, 88
Democracy 84
Diamond Dogs 97, 105, 106
Docherty, Tommy 94, 95
Drake, Frank 218
Dugdale, Rose 53
Dwyer, Ubi 164

Ebert, Roger 233
Ecevit, Bülent 141, 142
Edifício Joelma 41, 42
Ellington, Duke 97, 103, 104

1974 | Índice remissivo

Emerson, Ken 106
Espanha 135, 161, 163, 169, 179, 180
Estados Unidos da América 36, 54, 63, 65, 82, 88, 93, 107, 120, 121, 124, 144, 147, 153, 155, 156, 175, 177, 181, 182, 183, 200, 201, 218, 232, 233, 234
ETA (Euskadi Ta Askatasuna) 180, 181
Etiópia 169, 171, 172, 205
Evert, Chris 133, 143
Exército de Terracota 70, 71, 73
Exército Simbionês de Libertação 85, 86

Fanfani, Amintore 102
Festival Eurovisão da Canção 75, 79, 90, 103
Flixborough 117, 118
Ford, Gerald 169, 174, 175, 176, 183
Foreman, George 26, 189, 197, 198, 199, 200
Forest, Eva 181
França 77, 78, 79, 82, 107, 109, 125, 157
Frances, Myra 39, 57
Franco, General Francisco, 179, 181
Frayn, Michael 84
Frazier, Joe 23, 26, 27, 28, 197

Gairy, Eric 49, 50
Gangue do Mangusto 49, 50
Gately, Kevin 126, 127
Gibson, Edward 50, 51
Gilliam, Terry 227
Gill, Peter 57
Giugiaro, Giorgetto 61
Goldwyn, Sam 23, 36, 37
Göth, Amon 191, 192
Granada 39, 48, 49, 53
Gray, Tom 205, 206
Grécia 101, 140, 141, 142, 176, 177
Grigsby, Johnson Van Dyke 233, 234, 235
Guerra de Kootenai 181, 182, 183
Guillaume, Günter 81, 82, 83, 84
Guitarrista, A 52, 53

Harris, William e Emily 88
Hearst, Patty 84, 85, 86, 87, 88, 89
Heath, Ted 25, 28, 29, 30, 31, 42, 43, 44, 45, 178, 194, 195
Heimlich, Henry 120, 121, 122
Hills, Policial Michael 68, 69, 70
Hornby, Richard 26
Household, Dorothy 120
Howard, Philip 198, 210
Huntsville, Texas 133, 147, 148
Hurd, Douglas 43

Idle, Eric 227
Índia 48, 97, 106, 107

IRA Provisório 48, 120, 195, 197, 203, 211
Irmãos Yang 70, 71, 72
Israel 97, 108, 109
Itália 101, 102, 103, 138, 171
Iugoslávia 137, 138, 139, 151, 166
Iyengar, PK 107

Jenkin, Patrick 30
Jenkins, Simon 53
Jogos da Commonwealth 23, 33, 34, 35
Johanson, Donald 205, 206

Kael, Pauline 233
Kangmin, Zhao 71
Kanin, Garson 37
Kapuściński, Ryszard 173
Kenwood House 52, 53
Khruschov, Nikita 54, 55
King, Alberta 129, 130, 131
King, Martin Luther 115, 129, 130, 131
King, Stephen 75, 92, 93
Kissinger, Henry 155, 156
Knievel, Evel 169, 183, 184, 185, 186
Kristal, Hilly 160

Law, Denis 94, 95
Legge Fortuna 102
Lillee, Dennis 219, 220

Lucan, Lady 207, 208
Lucan, Lord 206, 207, 208, 209, 215, 216

Ma'alot 97, 108, 109, 110
Mailer, Norman 197, 198, 199
Makarios, Arcebispo 140, 141
Makonnen, Endalkatchew 171, 172
Manchester United 75, 94
Marsh, Rodney 100
Mayhew, Henry 209
McBride, Willie John 111
McConnell, Brian 68, 70
McDonald's 189, 200, 201
McGuinness, Wilf 94
McKenzie, Precious 35
Meinhof, Ulrike 225, 226
Meins, Holger 225
Meir, Golda 108, 109
Mensagem de Arecibo 217, 218, 219
Mercado de Covent Garden 203, 209, 210
Molloy, William 215
Morozova, Olga 143
Müller, Gerd 139, 140

Nações Unidas 49, 141, 223
Nakamura, Teruo 67
Neeskens, Johan 138, 139
Niven, David 124, 125

1974 | Índice remissivo

Nixon, Richard 79, 82, 151, 153, 154, 155, 156, 157, 169, 174, 175, 176
Nova Hollywood 230, 232
Nypro (planta de produção de produtos químicos) 117, 118

O'Farrell, Frank 94
Onoda, Hiroo 64, 65, 66, 67
Operação Buda Sorridente 106, 107
O poderoso chefão 2 223, 230, 232, 233

Países Baixos 79, 80
Palin, Michael 227
Pandas gigantes 178
Partido Nazista 81, 191
Perón, Isabel 133, 136
Perón, Juan 133, 135, 136, 137
Peters, Mary 34
Petit, Philippe 157, 158, 159
Philip, príncipe 33
Pogue, William 50, 51
Polônia 99, 137, 138, 139, 144, 191, 192
Pompidou, Georges 77, 78, 79
Portugal 75, 89, 90
Prêmio Nobel 55

Quarrie, Don 34
Quatro de Guildford, Os 196, 213

Ramanna, Raja 107
Ramones, Os 151, 160, 161
Ramsey, Sir Alf 97, 99, 100, 101
Ratoeira, A 59, 62, 63, 64
Red Lion Square 126
Reino Unido 25, 43, 52, 57, 63, 80, 105, 111, 117, 123, 125, 162, 178, 189, 193, 200
Revie, Don 101
Revolução dos Cravos 89, 91
Rivas, Nelly 135
Rivett, Sandra 207, 208
Robson, James 56
Ronson, Mick 106
Rosewall, Ken 143, 144
Rote Armee Fraktion 225, 226
Russell, Ronald 68, 69, 70

Sagan, Carl 218
Sampson, Nikos 141, 142
Sandbrook, Dominic 43
Sartre, Jean-Paul 223, 225, 226
Schindler, Oskar 189, 191, 192, 193
Scorsese, Martin 232
Second City Firsts 56
Seis de Birmingham, Os 213
Selassie, Haile 79, 169, 171, 172, 173, 174
Semana de três dias 28, 30, 31, 44
Sete Maguire, Os 196
Sim, Sheila 62
Skylab 39, 50, 51, 52

Soljenítsyn, Aleksandr 39, 54
Spielberg, Steven 193, 232
Squirrel, Len 201
Stasi 81, 82, 84
Steadman 39, 57
Steel, David 119
Stevens, Ray 123
Stewart, Ed "Stewpot" 201
St Martin's Theatre 62, 63, 64
Stonehouse, John 213, 214, 215, 216, 217
Streaking 115, 123, 124, 125
Supermercados Marsh 122, 123
Suzuki, Norio 65, 66

Taniguchi, Yoshimi 66
Tayler, Dick 34, 35
Taylor, Jack 139, 140
Taylor, John 110, 125
Thatcher, Margaret 195
Thomson, Jeff 219, 220
Thorpe, Jeremy 45
Torre da rádio de Varsóvia 144
Torre de Londres 119
Trice, Amy 182, 183
Turquia 133, 142

URSS 55, 107, 128, 143
U Thant 223, 229, 230

Vermeer, Johannes 39, 52, 53
Volkswagen Golf 61

Walldoff, Sven-Olof 80
Ward, Judith 47, 48, 213
Watergate 151, 153, 154, 155, 156, 174, 175, 176
Weed, Steven 84, 85
Westminster Hall 119, 124
Wheen, Francis 19
Whitehouse, Arthur 207
Whitelaw, Willie 194, 212
Wilkie, David 35
Wilson, Harold 32, 39, 43, 44, 46, 79, 141, 193, 194, 214
Windsor Free Festival 164
Wolf, Markus 81, 84
Woodland, Joseph 123
Woodward, Bob 153, 155
Wooldrigde, Ian 35
World Trade Center 41, 151, 157

Zagreb 151, 166

SObrE o autoR

Nick Rennison é escritor e editor, com interesse particular na era vitoriana e na ficção policial. É autor de *1922 – Cenas de um ano turbulento*, também lançado pela Astral Cultural, além dos livros *The Bloomsbury Good Reading Guide to Crime Ficction*, *100 Must-Read Crime Novels* e *Sherlock Holmes: An Unauthorised Biography*. Também é organizador de seis antologias de contos para a No Exit Press: *The Rivals of Sherlock Holmes*, *The Rivals of Dracula*, *Supernatural Sherlocks*, *More Rivals of Sherlock Holmes*, *Sherlock's Sister* e *American Sherlocks*, e de *A Short History of Polar Exploration*, *Peter Mark Roget: A biography*, *Freud and Psycoanalysis*, *Robin Hood: Myth, History & Culture* e *Bohemian London*, publicados pela Oldcastle Books. Seus livros de ficção policial, *Carver's Quest* e *Carver's Truth*, ambos ambientados em Londres no século XIX, foram publicados pela Corvus. Publica regularmente resenhas no *The Sunday Times* e na *BBC History Magazine*.

CONHEÇA TAMBÉM OS PRINCIPAIS FATOS QUE ACONTECERAM NO ANO DE 1922, E REVERBERARAM POR TODO O SÉCULO.

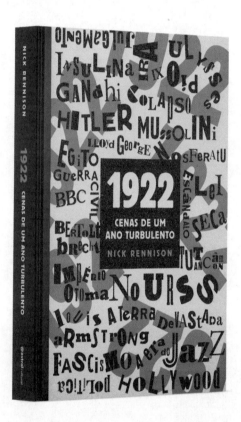

1922 – CENAS DE UM ANO TURBULENTO

Primeira edição (novembro/2023)
Papel Lux cream 60g
Tipografias New Baskerville e Asap
Gráfica Santa Marta